JN088653

# 子どもの尊さと子ども期の保障

## コロナに向き合う知恵

増山 均［著］

新日本出版社

# まえがき

児童憲章制定70周年の年明けにあたり、私は「日本子どもを守る会会長」として、次のようなメッセージを発信しました。

＊　＊

年末年始、新型コロナウイルスの感染拡大が止まらず、ワクチンの開発が進んでいるとはいえ、パンデミック状況は改善されていません。コロナ禍は、ヒトとヒトの深い結びつきによって発達してきた文化・社会それ自体を根源から突き崩しており、いま人類が直面している地球的・人類的規模での危機に、知恵を出し合い、一国の枠を超えて全世界的に協力・共同して立ち向かわねばならない時です。

イギリスでは、新たに出現した変異体の急拡大のためにロックアウト状態にあり、わが国でも首都圏に「緊急事態宣言」が発令されました。とても「新年おめでとうございます」とは言えない状況が続いています。

いまだコロナ問題の収束への見通しが立たず、社会の経済状況の困難や、親の労働環境の不安定さ、親の在宅時間が長くなったなかで、子どもへの虐待やＤＶの発生件数が増えるなど、新たな問題が顕在化しています。子どもたちは、家庭・地域社会・学校の全体にわたって、我慢を強いられた生活が続き、ライフ・バランスを崩しさまざまな不安や悩みを抱え込んでいます。今後も困難が予想されるコロナ感染への不安な社会生活の下で、どのように子どもたちの生活と発達の権利を守っていくのか、いまこそ知恵を出し合わなければなりません。

政府は、コロナ禍のもとでの経済活動の危機を叫んでいますが、最も深い危機は自由なコミュニケーションを奪われた人々、特に子どもたちの生活と発達の危機にあります。「３密」を禁止し、「ソーシャル・ディスタンス」に気を使い、「新しい生活様式」を守ることを求めることがもたらしている被害を見つめねばなりません。

乳幼児は、母親や保育士の口元と表情を見て、相手の感情を読み取り、読み取った感情にのせて「ことば」とその意味を理解し、人間的なコミュニケーションの能力と社会性を獲得していきます。コロナ感染防止のためのマスクで口元が見えず表情が読み取れないということは、人間として発達していくための、もっとも重要な基本的プロセスが奪われているのです。

年長の子どもたちは、お互いに接触し、じゃれあい、絡まり合って遊び、肌のぬくもりを感じ、感情を共有しながら、「ことば」を使いこなし、人間理解を深めていきます。「３密」の禁止と「ソーシャル・ディスタンス」を厳しく守らせるという生活は、子どもが子どもでなくなること、人間になれないことを意味しています。

若者は、腕を組み肩を組んで歌い、口角泡を飛ばして議論しながら自己を見つめ、他者への理解を深めます。恋人同士はパートナーとの親密な語り合いと「濃厚接触」を通じて、人間理解と愛を深めていきます。サークル活動が制限され、オンラインの授業が続く大学生の生活も人間理解と自己変革の機会を狭めています。

高齢者と子どもは、年寄りが孫を膝に抱いて慈しみの想いを伝え、孫が年寄りの手を引いていたわり、愛《いつく》しみの感情を覚えていくのです。密接・密着・密集が、ヒトを人間にし、人間性を育み深めていく源泉です。この源泉を断ち切るコロナの壁。それをどう乗り越えるか、答えは簡単には見つかりませんが、「ｗｉｔｈ　コロナ時代」を生きる人間の知恵が問われています。

日本子どもを守る会は、昨年5月に緊急声明「コロナウイルス禍から子どもを守り育てるために――学校の再開にあたって」を発表しました。そこでは8項目にわたって緊急の課題を提起しましたが、特にその第1項目に掲げた「さまざまな取り組みの実施にあたっては、子どもによく説明すると同時に子どもにも相談して、子どもの声を聴き、子どもの参加のもとで一緒に知恵を出しあって取り組むようにすること」を、今後も重視していきたいと考えています。

新型コロナウイルスの感染拡大のもとで引きおこされている子どもの生活と発達の危機に正面から向き合い、家庭で、地域で、学校で、子どもたちが生活するあらゆるところで、禁止や我慢を強いることにとどまらずに、小さな工夫と努力を積み重ね、子どもたちに寄り添い、共に歩んでいくことを表明して、2021年、年頭のごあいさつと致します。（2021年1月7日）

＊　＊

いままさにコロナ感染症と人類のたたかいの真っただ中にありますが、かつて大正年代にスペイン風邪によるパンデミックがおこり、人類社会が危機に直面したことが年表に書かれているのと同じように、コロナ禍も人類の歴史に書き込まれるでしょう。予期せぬ出来事として、私たちが直面したコロナパンデミックの原因や要因は、いずれコロナウイルスの発生と人への感染・伝播のメカニズムが解明され、自然と人類との、社会と人間のあり方をめぐる歴史の中に正確に書き込まれていくものと思います。

コロナ禍のまっただ中にいる今、考えることは、コロナ禍以前につくられていた国際社会の不平等や、新自由主義と自己責任論にもとづく国のあり方が、次々に変異株を生み出して襲ってくるコロナウイルスの前に弱点をさらけ出しているということです。コロナウイルスの前では人は平等です。富裕層も経済的に豊かな国も、誰もが感染の危機からのがれることはできません。しかし開発されるワクチンの供給に見られるように、国も個人も貧富の差によって被害の大きさに不平等が生じています。国連のグテーレス事務総長が強調したように「ワクチンは世界の公共財であり、すべての場所、全ての人に届けねば、世界は安全にはならない」（国連総会の特別会合にて。2020年12月8日）のです。

コロナパンデミックが明らかにしたことは、今まさに地球は、国境を固めて一国の安全を守るというような国民国家の集合体のままでは根本的な解決はできないということです。民族・国家を超えた地球レベルでの共同体構想が求められているのだと思います。ポストコロナ時代は、自然と人間、社会と人間の新たな関係づくりの中で新しい生き方と新しい日常を創り出していく時代になるのでしょう。

いずれ時間をかけて世界中の人々が集団免疫を獲得し、コロナパンデミックも収束するときが来るものと思いますが、コロナの時代に、「子どもを守る社会的な運動」がどのような知恵を出し合って取り組んだのか、その一端を記録に留めておくことも重要な仕事なのではないかと考え、本書を出版することにしました。

# 目次 ／子どもの尊さと子ども期の保障――コロナに向き合う知恵

# 第1章
# コロナ問題の中で子どもの生活と発達を守り励ます

# 一．子どもが育つ・子どもを育てるとはどういうことか

## ――コロナウイルス休校措置の中で、子育て・教育の本質を考える

### 1．緊急事態の中で問われたこと

新型コロナウイルスの感染が内外に広がり、事態の収束・終息に向けて先が見えない状況がまだ続いている。２０２０年２月27日に当時の安倍首相の独断で小中高校・特別支援学校の全国一斉休校措置が要請され、３月２日から休校が開始されて春休みを迎えた。３月24日、文部科学省が「令和二年度における小学校、中学校、高等学校及び特別支援学校における教育活動の再開等について」の通知を出し、学校再開の課題は各自治体の判断に委ねられることとなった。しかし、東京では感染者が拡大し、都教委は都立学校の「春季休業の終了日の翌日から２０２０（令和２）年５月６日までの間、臨時休業」を決め、「区市町村教育委員会に対しても、都立学校の取組を参考として、感染拡大防止の取組への協力が強く要請」された。

その後、首都圏における感染者拡大の危機的状況の中で、４月７日に７都道府県、16日には全国の47都

道府県に「緊急事態宣言」が発令されるに及び、市民生活はもとより、学校教育さらには保育所・学童保育の再開・継続・閉鎖も含めて、大きな混乱がもたらされた。コロナウイルス感染拡大状況には、地域的な違いもあるが、休校の長期化が予想される地域も多く、学校再開後に授業時間の確保のための授業時間の延長や夏休みの短縮など、子どもたちのライフバランスが崩れて様々な問題が噴出し、長期にわたる取り組みを覚悟しなければならなくなった。

コロナウイルス感染防止のための学校の休校措置の中で、そもそも「学校の役割とはなにか」「子どもを育てる基本課題はなにか」、その本質的問題が問われた。

## 2. 学校は何をするところか——学校の一斉休校を考える

それにしても、安倍首相の「政治的決断」による全国一律休校という要請は、あまりにも唐突で子どもの生活と発達に関する権利保障への配慮を欠いた措置だったと言わざるを得ない。ウイルス感染の広がりには地域的違いもあり、学校の休校については、本来各地域・各学校の状況をふまえて自治体の教育委員会が判断する権限をもっており、専門家会議の医学的な見解をふまえ、各自治体の教育委員会や学校管理者・保護者の声を集め、さらには教職員と子どもたちの声に耳を傾けて、慎重に判断すべきことであった。

突然の休校措置は、特にひとり親家庭や障害児を持った家庭にとっては、子育ての矛盾を増大させるものとなった。働く親にとっては、休校後の子どもの居場所の午前中からの確保が不可欠である。子どもの居場所の問題を、安倍首相は学童保育施設に丸投げしたが、大規模問題をはじめ居室空間が狭く不十分な環境におかれてきた学童保育は、遊びを通じて子ども同士の身体的接触の密度も高く、その活動上子どもたちと指導員の濃厚な接触は避けられず、ウイルス感染のリスクは学校以上に高い。学童保育の午前中からの開設要請には政府の政策の矛盾と強引さが鋭く表れた。

厳しい労働条件のもとにおかれている学童保育の指導員は、指導員不足の困難の中でも勤務体制のやりくりをして、子どもたちの生活の場と親の労働を必死で支える献身的な努力をおこなった。しかし、感染リスク回避のための対策と緊張感からのストレス、時間外労働や過重労働による健康への被害もかかえる人たちが生まれたのも事実である。

子育てのために休業を余儀なくされた親への所得補償や、学童保育への運営費支援など、政府・自治体による十分な財政支援が適切に行われたとは言えない。全国の子どもたち、父母と教職員・指導員の生の声を聴いて、〈子どもの最善の利益〉を確保するという姿勢と視点は、ほとんど見られなかった。

コロナウイルスの感染リスクを低減すること、子どもたちの命と健康、安全を第一に考えること（生存権の尊重）は、最も重要なことだが、その点にのみ目を奪われ、学校が子どもの生活と発達の権利保障に果たしている多面的役割を見失ったのは根本的な間違いである。

休校措置は、何よりも子どもたちの「生存権の土台としての学習権（大田堯《たかし》）」を失わせ、教育を受ける権利を奪うことになる極めて重大な措置であった。学校には、保健室や給食があり、子どもの福祉を守る場でもあり、特に虐待的・放任的な環境にいる子どもにとっては重要な保護機能を持つ「安全地帯」である。また学校には、校庭や体育館や図書室があり、遊び仲間やスポーツ・文化活動を通じて子どもの発達と文化の権利を保障する場所でもあることの視点が弱かったのではないか。

政府・自治体は新型コロナウイルス対策を進めるにあたって、常に子どもの権利を総合的に守る視点を忘れてはならない。子どもへの感染を防ぐこと（生存権の保障）を当然の前提としつつも、同時に子どもの生活権、学習権、遊び・文化権、自治権・社会参加権を保障するために知恵と創意を結集することが求められる。その視点は、コロナ感染対策が長期化する中で、ますます重要になっている。

## 3．子どもを育てる上での《多面的・複眼的》視点とはなにか――六つの権利と六つの《育》

改めて、子どもが健やかに育つ上で必要な課題はなにか、学校の本来的な役割はなにかについて考えてみたい。子どもの権利条約の精神と内容を手がかりに考えると次のような六つの権利性とそれらを保障するための働きかけのあり方（六つの育）が浮かび上がってくる（以下各項目に附記した条項は子どもの権利条約の関連条文である）。

（1）**生存権**――生きる権利・命と健康が守られる権利（第6条、第24条）――療育

すべての子どもは飢えや病気や事件から守られ、安全に健やかに育つ権利がある。熱があるのに勉強させられたり、怪我をしているのにスポーツを続けるのは間違いである。体調が悪い時には、ゆっくり休んで、体を大切にしなければならない。命を守り心身を強くしていくことは、幸せな生活・人生づくりに向

けての最も重要な土台である。子どもの生存権を保障する営みを《療育》（療育の用語は「療育教育」として障害児教育の分野で使用されてきたが、すべての子どもの病と健康に対する働きかけと配慮の課題である）と捉《とら》え重視しておく必要がある。

（2）**生活権**――安心した生活が守られる権利（第20条・第26条）――養育

すべての子どもは、くつろぎ安眠できる住居と食事・衣服が用意され、快適な生活が保障されねばならない。安心できる日々の暮らしと心を寄せられる家庭のなかで、子どもたちは成長していく。家庭を失った子どもには、新しい家庭や家庭に代わる施設が用意され、子どもを受け入れた大人の愛情の下で育てられねばならない。

子どもの生活権を保障するのは《養育》の営みであり、ソーシャルワーカーやスクール・ソーシャルワーカー、養護施設職員など、児童福祉の分野の取り組みと働きかけはそれらを専門としている。

（3）**学習権**――学ぶ権利、分かるように教えてもらう権利（第28条・第29条）――教育

すべての子どもに学ぶ機会が保障される。主体的な学びを通して、知恵と身体と心を発達させて、豊かな人格を形成していく。学ぶ機会と教育の保障は、子どもたちが人間として生き、幸せな人生を獲得するための基本となる権利である。子どもたちには、よく分かるように教えてもらう権利がある。

子どもの学習権を保障するのは《教育》の仕事である。学校の教師や社会教育分野の指導者の専門性は、子どもの学習権を保障できるかどうかにかかっている。

（4）**遊び権・文化権**――楽しく遊び、想像力を羽ばたかせていく権利（第31条）――遊育《ゆういく》

すべての子どもたちは、ゆっくりした時間・自由な時間が保障され、仲間とともに遊ぶ時間・場所が保障されねばならない。仲間との遊びを通して人との付き合い方を学び、楽しい生活を作り出していけるからである。楽しみや心地よさを獲得できる文化や芸術への参加・文化権の保障が、子どもたちの心を励まし、元気にさせていく。

子どもの文化権は、日本社会ではいまだに定立されていないけれども、子どもの遊びや文化活動は、勉強の付け足しなのではなく、成長・発達にとっての主食なのである。文化権を保障するのが《遊育》であり、児童館の職員や学童保育の指導員、冒険あそび場のプレイワーカーの仕事がそれである。

（5）**更生権**――失敗できる権利、やり直し立ち直っていく権利（第40条）――甦育《そいく》

すべての子どもたちは、成長・発達の途上であるから、時にはつまずいたり、失敗したりしながら育っていく。たとえ他人や社会に迷惑をかける行為を犯したとしても、自らの行いを反省してやり直し、立ち直っていく機会が保障されるべきである。失敗しながら育つことは子どもの権利である。

子どもの非行や問題行動を処罰の対象と考える人が多いが、子どもの過ちや躓《つまず》きも当たり前の発達の内容であり、たとえ犯罪を犯した子どもも、児童福祉や少年司法の分野で、立ち直りを援助される。非行対策や児童自立支援施設（教護院）や少年院の取り組みは《甦育》と呼ぶべきものであり、すべての子どもの育ちに保障されるべきまなざしなのである。

（6）**自治権・社会参加権**――意見を出し合い、集団で取り仕切り、社会に参加していく権利（第12条・第15条）――治育《ちいく》

すべての子どもたちは、自分の気持ちや意見を表現し、自分たちの思いや意見を社会に伝えるために仲間とともに話し合い、自分たちの生活を取り仕切ることが大切である。また自分たちの生活を向上させるために、仲間とともに社会に参加・参画していくことができる。子どもたちは大人とともに社会を担うパートナーなのである。

20歳選挙権から18歳選挙権に移行した現在、18歳未満の子ども（児童）の時代に、主体として生活を営み、活動の主人公として、自治を営む体験が、社会の主権者に成長するうえで不可欠である。子どもたちは、大人や社会から見守られ育てられる存在であると同時に、小さいながらも市民として活動に参加・参画していく中で主権者として育っていく。そうした育ちを《治育》と名づけておきたい。

学校教育は、確かに子どもの知識・技術・体力・情操を教育し発達させることを専門とする場所であるが、同時に、福祉、文化、更生、自治を大切にする場でもある。授業と学習の時間だけではなく、子どもたちが寛《くつろ》ぎ、生活と遊び・文化を楽しみ、失敗や躓きをやり直して克服する場であり、自治を営み社会参加を保障する拠点である。子どもたちへの働きかけは、教育と同時に療育・養育が不可欠であり、遊育・甦育・治育の役割を無視してはならない。

日本の学校は、教育以外の育の位置づけに弱点があり、特に遊育・甦育・治育の視点の重要性が見失われているところに、致命的な弱点がある。いま、コロナウイルス問題を通じて、「学校の本来の役割はなにか」「子どもを育てる基本課題はなにか」、その本質的課題が問われ続けていると思うのである。

# 二、コロナウイルス禍から子どもを守り育てるために

２０２０年３月新型コロナ感染拡大の中で、全国一斉休校となり、その措置は3か月に及んだ。休校措置が解除され、学校の再開に当たって、私は日本子どもを守る会の会長就任最初の仕事として、以下の声明をとりまとめて発信した。

＊　　＊

**コロナウイルス禍から子どもを守り育てるために**——学校の再開にあたって

私たち日本子どもを守る会は、創立以来68年間、日本における子どもの権利の水準を向上させるために「児童憲章」を大切にし、「子どもの権利条約」の精神に基づいて子どもの意見を聴き、子どもの最善の利益を求めて活動してきました。しかし今、新型コロナウイルスの世界的な感染拡大のなかで、子どもたちは生活と発達の危機にさらされています。

コロナウイルス感染防止のため、政府の要請により、全国一斉に小中高校及び特別支援学校の多くが休校となり、関連する児童館、図書館、教育文化施設、公園・遊び場など、子どもの発達に不可欠な施設の

サービスが停止されました。また保育所や学童保育など、働く親と子どもに必要な施設は継続されましたが、感染防止の対策と支援が十分でないなど、多くの困難を経験してきました。

いま、緊急事態宣言が解除されましたが、「新しい生活様式」の制約と再びの感染拡大への不安の中にあり、子どもたちの日常生活は取り戻せていません。学校と一部のサービスが再開され始めましたが、活動再開のもとで、子どもの生活と発達の環境が悪くなり、不安と困難が拡大することがないよう、小中高校、特別支援学校、教育委員会、その他関係各機関には、改めて次の諸点への配慮を求めます。

1．さまざまな取り組みの実施にあたっては、子どもによく説明すると同時に子どもにも相談して、子どもの声を聴き、子どもの参加のもとで一緒に知恵を出しあって取り組むようにすること。

2．学校教育の再開にあたっては、学力の遅れの回復ばかりを重視することなく、学校生活への不安を抱えている子どもの心身の状態に十分に配慮すること。また、放課後学童保育に通う子どもの生活とのつながりを配慮し、学童クラブの指導員や保護者との連絡・協力を密にすること。

3．ウイルス感染防止のために取られている学級の少人数化を恒常的なものとし、教職員を増やして、少人数学級を実現すること。

4．ICT環境による学習環境格差が生じないようにすること。授業のオンライン化は慎重に行い、オンラインによる家庭学習の推進は行わないこと。

5．学習・教育面に加え、生活・心身の面でも、子どもの成長・発達が損なわれないよう注意を払うこと。

特に、子ども同士の接触が避けがたい遊びやスポーツ、文化・芸術活動についても、工夫をしながらの実現をめざすこと。
6．新たな感染拡大防止のために、マスクや消毒液などを十分に確保し支給すること。感染したり、感染者の近くにいた子どもが、不当な差別を受けることがないようにすること。
7．子どもの虐待が助長されないよう、親に対しても、必要な支援を行うこと。休校している子どもの把握に努めるとともに、登校した子どもには一人ひとりの声を聴き、寄り添い、安心して過ごせるように配慮すること。
8．上記実現のために、関係諸機関の連携協力のもと、既存の施策・施設を柔軟に運用するなどの対応と工夫をすること。

ヒトは古来、相互に親密なコミュニケーションをすることによって、人間として豊かな生活・文化を築いてきました。子どもという存在は遊びや学びでの親密な交わりを通じて人間性を獲得していきます。人間になりゆくためには、親密なコミュニケーションを避けることはできません。しかしいま、新型コロナウイルスによって、ヒトが人間であり続け、人間の文化を保ち続けられるかどうかの岐路に立たされています。人間にとって、特に子どもにとっては極めて深刻な事態です。専門家の知見と私たちの知恵を結集して、「つながり」を実現する新しい生活を、子どもたちとともに考えていきましょう。

２０２０年５月31日

日本子どもを守る会（会長　増山均）

幸いこの声明は、いち早く目に触れた方から次のような共感の声をいただき、取り組みの参考にしていただけたことにも触れておきたい。（「なくそう！　子どもの貧困」全国ネットワークのML〈メーリングリスト〉に投稿されたもの――『子どものしあわせ』〈おたよりひろば〉２０２０年8月号より）

＊　＊

皆さまにぜひお知らせしたい一つの声明があります。日本子どもを守る会の「コロナウイルス禍から子どもを守り育てるために――学校の再開にあたって」というものです。

私がこの声明を何とか手に入れたいと考えたきっかけは、3番目に書かれている「学級の少人数化を恒常的なものとし、教職員を増やして、少人数学級を実現すること」という項目を、小さな新聞記事の中に見つけたからです。

新型コロナの影響で学校が休校になり、何か月も待った挙句、現在も「分散登校」という形で、週に1、2日のほんのわずかの登校しかできていません。おばあちゃんの素朴な疑問として、なぜこの機会に少人数学級にしないのか？　と本当にそう思います。

子ども同士の密接・密集を避けるということで取られている手立ては、1クラス20人という先進国並みの基準にすれば「恒常的なもの」にすぐできるのです。

先生の数を増やし、教室が少ないのなら当面は今のような二部授業でもいいので実行することは可能で

す。（少人数学級を実現しないで、学校の統廃合を無理矢理推し進めてきたツケがいま回ってきていると思います）

子どもたちの発達は待ったなし、後回しにしないで、すぐにしてほしい、財源も全く無理なことではありません。一斉に全国の小中学校を少人数学級にするとしても、1兆円あればできるそうです。

同じこの考えを挙げているところがないか、探していますが、子どもをめぐる多くの関係者の中からまだこの声が多くはなっていません。

お子さんやお孫さんをお持ちの皆さん、先生たち、みんなで力を合わせて今こそ少人数学級の実現を、という声をあげていきませんか。

中学生時代に不登校だった方が、この春通信制高校に入学し、学校が再開し始めたがやはり登校できずにいて、拳銃自殺に至った報道など、学校再開の今の時期に、子ども若者の自死のニュースが増えています。いたたまれないような気持ちです。

登校拒否・不登校の対策としても、少人数学級はすぐにも実現しなくては、子どもの命にかかわるのです。

さて、その思いでたどり着いたこの声明の全文を読んで、さらにさらに感動しました。子どもたち自身の声を聞くこと、子どもたちと相談して決めること、など「子どもの最善の利益」「子どもの意見表明権」など、子どもの権利条約の精神に貫かれた格調高い内容だったのです。

それは、声明のまとめの部分の冒頭、「ヒトは古来、相互に親密なコミュニケーションをすることによって、人間として豊かな生活・文化を築いてきました」

というところに見られるように、人間という生き物の特徴から説き起こされて、現在の子どもの危機は全人類に共通であることがわかります。８項目すべてから学ぶことがたくさんあり、思わぬ宝ものを発見したような気持ちがしました。（東京都足立区在住　澤井留里）

日本子どもを守る会声明の８項目をまとめるに当たって、その第一に「子どもに良く説明する」こと、そして「子どもにも相談して、子どもの声を聴き、子どもの参加のもとで一緒に知恵を出しあって取り組む」ことの大切さを掲げたのは、言うまでもなく第一に子どもの権利条約の規定にそってのことであり、第二に、国連子どもの権利委員会の11項目のコロナ声明（２０２１年4月8日）の最終項に子どもへの理解をはかることが示されていたことによる。さらに実際にデンマークのフレデリクセン首相が子ども向けにオンラインでの会見で「外で遊んでも大丈夫ですか」というような質問に一つひとつ答える様子がテレビで放送されたり（3月13日）、ノルウェーのソールバルグ首相が子どもに向けた記者会見を開いたり（3月16日）という姿を見てのことである。子どもたちはもとより、教育関係者や父母に対しても一斉休校措置について丁寧な説明をしなかった我が国の安倍首相の姿勢への批判を込めてのことである。

コロナ禍の中だからこそ児童憲章や子どもの権利条約にもとづき、子どもを尊ぶことを実践することが求められているのではないか。

# 三．発想の転換と「遊び」の創造

## ――コロナ禍と子どもの権利条約第31条

### 1．コロナ禍で、いま何が問題か

新型コロナウイルス感染の広がりは、２０２１年に入っても一向に収束の兆しを見せず、世界中に変異株が次々に現れている。国内でも感染拡大第４波のなかで、大都市圏では3回目の緊急事態宣言がだされ、まん延防止等重点措置の適用を求める自治体も増えている。ワクチン接種が進んでいるとはいえ、新型コロナウイルスとの闘いは、なま易しいものではないことを知らされている。経済効果を狙うオリンピック開催とコロナ感染拡大の防止は根本的に矛盾しているにもかかわらず、政府はオリンピックを強行しようとしており、さらには「学校連携観戦」と称して、オリンピック・パラリンピックの観戦に小中高校生を動員しようとしている。現政権のチグハグ政治が、ますます事態を深刻化させ、コロナ禍のなかでの被害を増幅させ、国民に不安と緊張を強いている。

今コロナ禍がもたらしている被害は、社会経済活動の危機よりも、さらにさらに深い危機をもたらしていることにこそ目を向けるべきであろう。それは、子どもの発達と人間的コミュニケーションの危機である。

密接・密着・密集こそが、ヒトを人間にし、人間性を育み深めていく源泉であるにもかかわらず、この源泉を断ち切っているのがコロナの壁であり、コロナ禍の危機の本質である。この危機をどう乗り越えるか、答えは簡単には見つからないが、子どもたちにとっては何よりも《遊び》を取り戻すことがその突破口になるだろう。「ｗｉｔｈコロナ時代」を生きる人間の知恵が鋭く問われている。

## 2. コロナ禍のなかの子どもたち——強まるストレスとガマンの生活

思い切って駆け回りたいよ！　いっぱい、いっぱい、遊びたいよ！

日本中から、子どもたちの叫び声が聞こえてくる。コロナ禍の中で、さらには競争的な社会と教育制度の下で、子どもの遊びが失われ、いま日本の子どもたちは、ガマンの生活を強いられ、こころとからだにストレスをいっぱいため込んでいる。また、自由な外遊びが制限され、長時間を屋内で過ごしている状態は、「コロナ巣ごもり症候群」とでもいうべき事態であり、近未来に顕在化するかもしれない身体的・社会的・情緒的な発達上の障害の原因を生み出している可能性が高い。

昔から、子どもがすくすくと育つために「よく遊びよく学べ」が大切だと言われ続けてきた。しかし「学び」の大切さについては、山ほど語られているが、《遊び》の大切さについては、後回しにされている。

コロナでの休校措置が解除された後も、「授業の遅れを取り戻す」「学びの時間を確保する」ことは叫ばれても、「遊びの時間を取り戻す」とは言われない。子どもの生活にとっては、「学び」が主役で、遊びは学びという目的のための手段のように扱われている。

子どもたちは、子ども同士の親密なコミュニケーションである《遊び》を通じて人間性・社会性・文化性を獲得して人間になっていく。子どもが遊びを失うということは、人間としての発達の機会が奪われるということであり、同時に「子ども期」を喪失するということであり、それは最も深刻な子どもの人権侵害なのだが、遊びが子どもの基本的権利なのだという認識は極めて薄い。

## 3．子どもの権利条約31条と子どもの文化権

《遊び》が子どもにとって不可欠の権利であることは、わが国の「児童憲章」（9条）や、国連の「子どもの権利条約」（31条）に、明記されているのだが、いまだに子どもの権利としての《遊び》への社会的認識は薄く弱いままである。

コロナ禍の中で、ストレスフルな子どもの生活を切り拓き、子どもたちのこころとからだを解放するために、いまこそ子どもの権利条約第31条の精神と規定を深く見つめる必要があるだろう。

国連子どもの権利条約第31条には、「締約国は、休息及び余暇についての児童の権利並びに児童がその年齢に適した遊び及びレクリエーションの活動を行い並びに文化的な生活及び芸術に自由に参加する権利

を認める」（政府訳）と規定されている。ここには、①休息・余暇の権利、②遊び・レクリエーションの権利、③文化的生活・芸術への参加の権利という三つのレベルの権利が規定され、《遊び》を含めて、相互に関連する三つの権利が規定されているのだが、私はそれら全体を《子どもの文化権》として捉える必要があると主張してきた。[1]

わが国には、子どもの生存と生活の権利を保障するために「児童福祉法」（１９４７年12月）等がつくられ、また同時に子どもの学習権・教育権を保障するための「教育基本法」「学校教育法」（いずれも１９４７年３月）等がつくられている。子どものいのちと暮らしを守る福祉の権利、学力と知恵の発達にかかわる教育を受ける権利については、基本的な法律がつくられているが、残念ながら子どもの遊びや文化にかかわる基本法はつくられていない。しかし、国連子どもの権利条約の第31条には、日本社会に欠落している《子どもの文化権》が明記されており、日本政府がこの条約を批准（１９９４年）したことにより、子どもの文化権の規定は、日本社会にも適用されるべき子どもの権利となっているのである。

そこで、私は子どもの権利条約の履行実態を国連に報告する「子どもの権利条約市民・ＮＧＯの会」（以下「市民・ＮＧＯの会」）の取り組みに参加するとともに、子どもの遊びや文化芸術活動に取り組んでいる仲間たちと「子どもの権利条約31条の会」（以下「31条の会」）を立ち上げ、出版やイベントの企画を通じて条約第31条の普及をめざしてきた。近年は、「子どもと文化のＮＰＯ　Ａｒｔ．31」（以下「Ａｒｔ．31」）と協力して、31条の内容と意義を伝え広げる取り組みを強め（『うばわないで！　子どもの時代――気晴らし・遊び・文化の権利（子どもの権利条約第31条）』新日本出版社、２０１２年12月）、さらに遊びの権利が子どもの発達にとっての基本権であることを分かりやすく伝えるために、ブックレット『「あそび・遊び」は子どもの主食です！――子どもの権利条約31条と子どもの生活の見直し』（Ａｒｔ．31、２０１７年５月）を発行して、世論の喚起に努めて来た。

子どもの権利条約第31条は、国際社会においても〝忘れられた条文〟と言われる時期があったが、ＩＰＡ（子どもの遊ぶ権利のための国際協会）の国際的な努力や、「31条の会」「Ａｒｔ．31」等の取り組みにより、国内外で31条への関心が次第にひろがっている。[2] たとえば日本小児科医会による「遊びは子どもの主食です」キャンペーン、東京おもちゃ美術館による「31条シンポジウム」、ＴＯＫＹＯ ＰＬＡＹによる「ご近所みちあそび」のキャンペーン（身近な道路を、そこに暮らす子どもと大人のための遊び、子育て、多世代交流の空間にする）など、子どもの遊びや文化活動をすすめる諸団体の取り組みが各地にひろがり、少しずつ条約第31条への注目が高まってきた。

## 4．コロナ禍の中での遊びの創造――ピンチをチャンスに

「31条の会」は、２０２０年３月、当時の安倍首相の要請で、全国的に小中高校が一斉休校となり、子どもたちが学びの機会を失い、戸外で遊ぶことすら禁止される状況の中で、いち早く声明を発表し（４月６日）、子どもたちの生活と文化を守るために、子どもの声を聴きつつ、遊びの機会を創り出し「楽しい生活と仲間との交流を工夫し、実現しあっていく」ことの大切さを呼びかけた。

国連子どもの権利委員会も、世界的なコロナパンデミックの中で、２日後の４月８日に11項目にわたる「新型コロナ感染症（COVID-19）に関する声明」を発表したが、その２項目で条約第31条の権利保障を取り上げ「子どもたちが休息、余暇、レクリエーションおよび文化的・芸術的活動に対する権利を享受できるようにするための、オルタナティブかつ創造的な解決策を模索すること」が呼びかけられた。

図①

両者の声明に共通するのは、《オルタナティブかつ創造的な解決策を模索すること》である。すなわち、感染が心配だから禁止、リスクがあるから中止して、子どもたちにガマンを強いるのではなく、どのようにしたら実現できるのかを子どもたちと共に考え、工夫して実現することである。コロナ禍での困難に立ち向かうことを励ますために、31条の会とＡｒｔ．31は全国の子どもたちに向けた緊急ポスター「ガマン、している。でもやめない！」（図①）を作成するとともに、子どもの権利条約と31条の内容を子どもと一緒に読めるように分かり易く解説した『ワニブタ絵本ガイドブック』（Ａｒｔ．31、２０２０年４月）を発行した（図②）。

その後も、全国各地で子どもの遊びを工夫して実践している「アフタフ・バーバン」と協力して『Ｗｉｔｈコロナあそびのススメ』（Ａｒｔ．31、２０２０年10月）を発行してきた（図③）。そこには「３密」を避けながらのさまざまな「３散（分散・拡散・発散）遊び」が紹介されて

図②

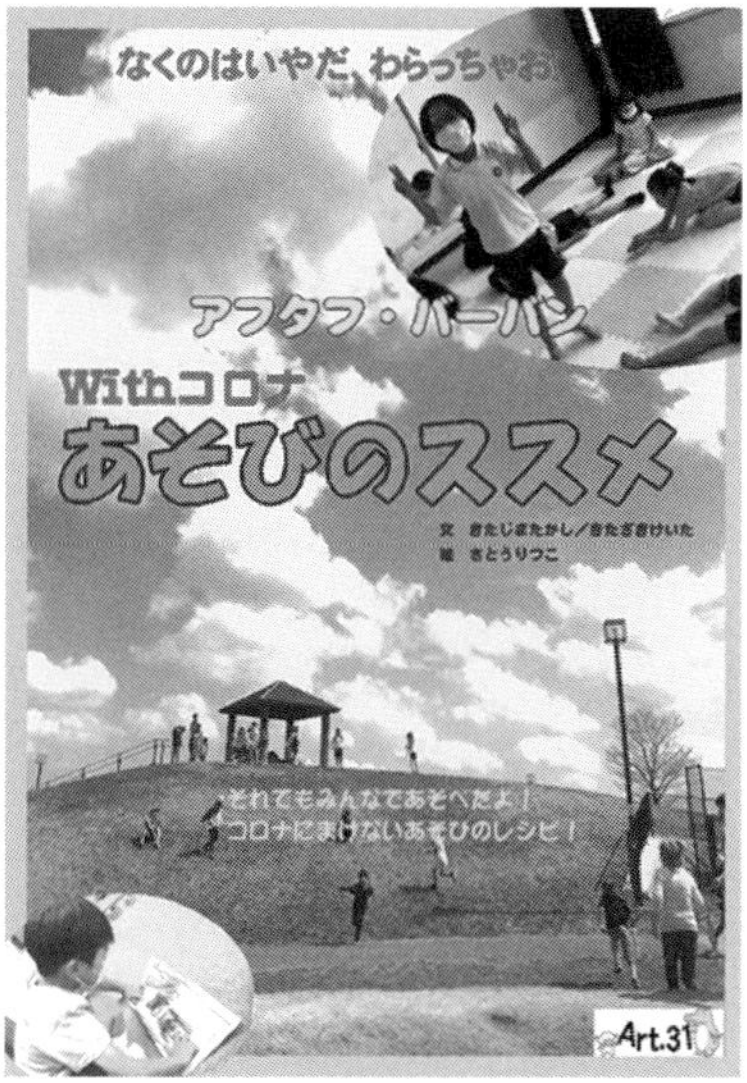


図③

いる。屋内で楽しめる「マスクの下の、顔クイズ」や屋外で思い切り動き回れる「かくれなくていい『かくれんぼ』」「変形しっぽ取り」など、工夫・創造された遊びの数々は、コロナ禍の中だからこそ生み出された遊びであり、遊びを創る楽しさが発揮されている。

「3密」の回避を強いて、子どもたちの行動を制限するコロナ禍は確かに困難をもたらしているが、発想の転換によって「3散」による遊びの工夫・創造が出来るということは、与えられた遊具やルールで遊ぶのではなく、自分たちで楽しい遊びを創り出すチャンスであり、子どもたちの主体性・創造性をはぐくむ絶好のチャンスである。

学童保育に取り組む31条の会のメンバーは、コロナ禍の中で、子どもたちが工夫している「小さな遊び」「名もない遊び」を発見したり、子どもの声や様子にきめ細かに目を向けるようになれたと、子ども観・実践観の深まりについて報告している。そして「『新しい発想』で何でもできる」と語っている（青井夏子「コロナ禍の学童保育での新しい発見について」『子どものしあわせ』２０２１年7月号）。コロナ禍に縛られているピンチは、実は既成の発想や価値観の縛りから脱出して新しい何かを生み出すチャンスなのである。

図④

## 5.「31条のひろば」の開催と「31条ムーブメント宣言」

困難と向き合う実践の流れを受けて、２０２０年9月27日に、31条に関心を寄せる関係者・団体が集まり、オンライン併用で第1回目の「31条のひろば」を開催した。（詳しくは当日の記録『31条のひろば報告集』実行委員会発行、２０２１年1月を参照のこと――図④）コロナ禍の中でも「やっぱり《遊び》は子どもの主食である」ということが分かった。子どもの豊かな成長・発達を保障する「子ども期」の充実のために、子どもの遊びと文化は不可欠の権利であることが確認され、31条の意義をさらに広げ・活用するために5項目の「31条ムーブメント宣言」がまとめられた。今後も毎年9月の最終日曜日に「31条のひろば」を継続開催していくことも確認され、すでに2021年度の「31条のひろば」の準備が開始されている（＊日本子どもを守る会編集の『子どものしあわせ』誌には、2021年4月号より「ひろがる『31条ムーブメント』」が連載され、各地のさまざまな取り組みが紹介されている）。

《31条ムーブメント宣言》

《子どもの文化権（31条）》は「子ども時代」を豊かにするための基盤です。コロナ禍の中でも、豊かな「子ども時代」を実現しましょう。

1．勝ち負けばかり考えていると、子どもの時間がうばわれる！
2．子どもは休まないとこわれる。何もしない時間もだいじ！
3．遊びは子どもの主食です！
4．文化・芸術はいのちと育ちの活力源です！
5．日本社会に《子どもの文化権（31条）》の確立を！

毎年9月の最終日曜日は「子どもの権利条約31条のひろば」の日

第2回目の「31条のひろば」では、①条約31条の意義と役割を学びあい語りあうひろば（センターフォーラム）と同時に、前夜祭として②表現し感じあうひろば（プレステージ）を開催して、文化芸術団体の手により子どもたちといっしょに楽しむパフォーマンスが準備されている。またそれに先だって長野県伊那市高遠町のキャンプ場にて、③あそび・楽しむひろば（アートキャンプ）が企画され、遊びと芸術にかかわる人たちが「この指とまれ」で集まり、アートとプレイのフェスティバルを楽しむ予定である。

２０２１年は、わが国の子どもたちの育ちの権利を社会的に守っていくことを宣言した『児童憲章』が制定されてから70周年の節目の年である。児童憲章の精神とその歴史的価値を忘れることなく、子どもの権利条約の精神・規定と結び付け、コロナ禍の中でも子どもたちが豊かな「子ども期」を過ごし健やかに育っていけるように、日本子どもを守る会では、ブックレット『忘れていませんか？　児童憲章』（Ａｒｔ・31図⑤）を緊急出版した。

図⑤

子どもたちは現在の社会の構成員であるとともに、未来社会の担い手である。まだ成長途上であるから失敗したり間違ったり、理解や配慮が行き届かなかったりすることもある。しかし、同時に子どもたちは、素晴らしい発想や行動力を発揮するエネルギーを秘めている。子どもたちはコロナ禍や社会環境のさまざまな制約を受けながらも、一生懸命生きている。子どもたちを一人の人間として尊重し、子どもたちの声にじっくりと耳を傾け、一緒になって「子どもにとって一番いいこと」（最善の利益）を考えあい、共に行動していきたいと思う。「31条ムーブメント宣言」で確認された諸課題を各地で実践し、その成果を持ちよって毎年9月の「31条のひろば」でぜひお会いしたい。多くの皆さんが、31条ムーブメントに参加していただけることを期待している。

〈第一章の注〉

1　詳しくは、佐藤一子・増山均共編著『子どもの文化権と文化的参加――ファンタジー空間の創造』第一書林、1995年8月。拙著『余暇・遊び・文化の権利と子どもの自由世界――子どもの権利条約第31条論』青踏社、2004年11月など。〈子どもの遊びの権利〉は、条約31条の中に、休息・余暇と文化的生活・芸術への参加権とセットで書き込まれていることに意味があるが、子どもの権利としての《遊び》は、子どもの成長・発達において基底的かつ根源的なものであり〈子ども期〉〈子ども時代〉を保障する上で、自らが獲得していくものとして第一義的なもの、子どもという存在そのものを示す活動なので31条とは独自に、第3条「子どもの最善の利益」の次の項目として置かれるべき内容なのではないかと考えている。

2　子どもの権利条約31条ブックレット、増山均・齋藤史夫編『ゆっくりしたい！　あそびたい!!　遊びと文化と自由な時間』子どもの文化のNPO　Art．31、2018年10月。

# 第2章
# 児童憲章の誓い
## ――子ども観と子育ての原点

# 一．児童憲章を忘れてはならない

## 1．児童憲章70周年にあたって

今年（２０２１年）は、「児童憲章」が制定されてから70周年の節目の年である。「児童は、人として尊ばれる。児童は、社会の一員として重んぜられる。児童は、よい環境の中で育てられる。」子どもに向けるまなざしが簡潔かつ明快に示されたわが国の「児童憲章」を忘れてはならない。そこには、敗戦直後の深い反省と、高い理想と、固い決意が込められており、今日もなお、日本社会が世界に誇れる宝としての尊い子ども観が明示されているからである。

しかし、現在日本の子どもたちが直面している現実は、児童憲章が示す理想とは、あまりにもかけ離れてしまっている。子どもの貧困、虐待、自殺など、深刻な事件が後を絶たず、子どもたち自身が「自分は幸せである」と感じることができないまま生活している重苦しい実態がある。２０２０年9月3日にユニセフのイノチェンティ研究所が発表した報告書には、日本の子どもたちの「身体的健康」（5～14歳の死亡率の低さ、5～19歳の肥満の割合の少なさ）は、調査した先進諸国38か国の中で1位だったにもかかわらず、「精神的幸福度」（生活満足度が高い15歳の割合、15～19歳の自殺率）については、下から2番目の37位という低さだったことに、その深刻さが示されている。日本の子どもの特徴は「身体は生かされているのに、心が殺されている」状態とでもいえるだろうか。

児童憲章制定から70周年にあたって、改めて初心に還《かえ》って、子どものしあわせ実現に向けての児童憲章の今日的意義を見つめ直してみたい。

## 2．児童憲章の制定――子どもの《権利》と《品位》を尊重する

「児童憲章」は1951（昭和26）年5月5日（こどもの日）に制定された。内閣総理大臣が招集し国民各層・各界の代表で構成された「児童憲章制定会議」（会長は金森徳次郎＝内閣法制局長官、第1次吉田内閣での憲法担当国務大臣）による熱心な審議を通じて文言が練り上げられたのである。多くの苦労と困難を乗り越えて成文にたどり着くまでの児童憲章の成立過程には、文部省・厚生省案をはじめ各自治体からも独自の案がだされている。小論の冒頭に紹介した有名な前文は東京都の案が下地になったと言われている（厚生省児童局『児童憲章制定記録』1951年9月、日本子どもを守る会『児童憲章読本』1976年5月）。

児童憲章は、憲法・教育基本法・児童福祉法など子どもの人権を定めた戦後の民主的改革のながれの結

晶として、それらを踏まえて日本の子どもを総合的に守り育てる社会の課題と大人の役割を明らかにしたものである。そこには直接的な「権利」という言葉は使われていないが、戦前の子ども観を廃して、新しい子ども観と子どもの権利を内外に高らかに宣言したものである。わが国の児童憲章は、国連で児童の権利宣言（1959年）がつくられるよりも、8年も前に制定されたものであり、世界的に見ても先駆的な子ども憲章と言えるわが国の宝である。

1951年5月5日に「児童憲章宣言式」が行われたが、その式典には、内閣総理大臣、衆参両院議長、最高裁判所長官の挨拶をはじめ、GHQ（連合国総司令部）やCIE（民間情報教育局）、PHW（公衆衛生福祉局）からもメッセージが寄せられた。それらの挨拶の中で、時の吉田茂内閣総理大臣は、「わが国の次代をになうこどもの人間としての品位と権利を尊重し、これに良い環境を与え社会の一員として心身ともにすこやかに育成することはわれわれの責務であります」と、《権利》とともに《品位》という言葉を使い、児童憲章の子ども観を述べていた。吉田首相が《品位》という言葉を使って子どもを捉えたことについては、特に注目しておくべきことだろう。また林譲治衆議院議長は子どもを守り育てる仕事は国を挙げての大事業であり、この憲章を絵に描いた餅にすることなく、国民に広く知らせる一大国民運動を展開すること、行政的な措置をとること、財政的裏づけをすることを強調していた（前掲『児童憲章制定記録』資料）。

児童憲章の制定直後に政府が一丸となって児童憲章の宣伝と普及を行おうとしたことは、「厚生省通知」296号（同年6月2日）の内容にもよく表れている。そこには、新聞・雑誌・ラジオ・映画を通じて広く知らせることや、学校教育の教科目の中に位置づけること、さらには児童憲章の歌をつくること、学校やＰＴＡの会合・式典で斉誦すること、さらにはカレンダーや、タバコ・キャラメルの箱に条文を印刷することなどが細かく提案されている。今日まで続いている重要な取り組みとして「母子手帳（母子健康手帳）」への全文の印刷・収録などの指示もある。また、児童憲章制定の記念切手がつくられたことにも、「児童憲章」を広く普及しようとした政府の姿勢を知ることができる。

## 3．「逆コース」開始前の平和と民主主義の価値が込められている

しかし、児童憲章の制定直後の国を挙げての普及・実行に向けての位置づけと高揚感は頓挫させられた。同時期に起こった朝鮮戦争勃発（１９５０年６月）に伴うＧＨＱの対日占領政策の転換による、日本社会の民主化の抑制・再軍備化、いわゆる「逆コース」の始まりによって理想に向かう歩みが方針転換され、児童憲章の普及と実質化への道は放棄される運命をたどることになったからである。

児童憲章が掲げた理念と規定の遂行の道を放棄した政府に代わって、その理想と課題を国民自身の手で進めるために、基本目標に〈児童憲章の完全実現〉を掲げて誕生したのが「日本子どもを守る会」（１９５２年５月17日）である。初代会長に就任した長田《おさだ》新《あらた》（広島文理科大学学長・ペスタロッチ研究者）は「さきに立派な児童憲章は公布されたが、それは全くの反古紙同様で、国家は何等の実績を挙げようともしない」と厳しく批判し、副会長には秋田雨雀《うじやく》・壺井栄・国分《こくぶん》一太郎・宮原誠一らとともに「子どもを

守ろう」と呼びかけていた羽仁《はに》説子・神崎《かんざき》清が就任した（「日本子どもを守る会会報」第1巻1952年9月号）。

特に神崎清（ジャーナリスト・文部省児童文化審議会会長）は、児童憲章制定会議のメンバーとして制定過程に深くかかわって尽力してきたこともあり、平和と民主主義の徹底と実現の道を放棄した政府の方針転換を厳しく批判するとともに、児童憲章の完全実現をめざす日本子どもを守る会の運動の発展に全力を尽くした。第2代会長の羽仁説子の時代に、日本子どもを守る会は大きく発展し、月刊誌『子どものしあわせ』（1955年5月創刊）や年刊『子ども白書』（1964年創刊）を通じて、〈児童憲章の完全実現〉への取り組みは現在まで継続・継承されている。

児童憲章は制定から70年、決してその役割を終えていない。それどころか、ますます民主主義の形骸化と平和の価値・反戦・非戦への決意の希薄化がすすむ今日の日本社会の中で、その理念と精神は輝きを放ち続けている。1989年に成立した国連子どもの権利条約と深く連動して、平和な世界と子どものしあわせ、生活と発達を保障する明確な指針として、ますます重要な意義と役割を担っているといえるのではないか。

## 4. 児童憲章の独自性——子どもの権利条約に包摂されない内容がある

1989年に、国連で「子どもの権利条約」がつくられて以降、子ども観についてはこの権利条約が大きく取り上げられ、民主的な運動団体も憲法の価値とつないで子どもの権利条約の意義をつよく訴えている。それはその通りなのだが、その中に児童憲章が抜け落ちていることに、私は少し違和感を感じている。法的拘束性という点からいえば、確かに「憲章」の拘束性は憲法や条約に比べると非常に弱いものだが、その内容と歴史的価値を考えると、「憲法・児童憲章、子どもの権利条約」として児童憲章を、その中に忘れずに位置づけないと、戦後の新しい子ども観をめぐる重要な歴史過程を見失ってしまうと思うからである。

たとえば、子どもの声に耳を傾け、子どもの願いを大切にする視点は、子どもの権利条約に意見表明権（第12条）が書き込まれていたところから始まるのではなく、貧困の中で生きる子どもの声を大切にした戦前の生活綴《つづりかた》方教育運動や、戦後の民主的な教育改革の遺産・伝統を受けて、すでに児童憲章の子ども観の中に集約されていたのである。そうした歴史に光を当てたうえで、子どもの権利条約の理念と規定を結びつけていくことが重要だと思うのである。

子どもの権利条約が出来てからのちは、児童憲章の内容はそれに包含されているのだから、児童憲章を特別に位置づけなくても、権利条約で尽きていると考えている人もいるようだが、実はそうではなく、児童憲章にしかない役割があり、その点を見直さなければ重要な価値を見逃してしまうのではないかと思う。例えば、第12項目の「すべての児童は、愛とまことによって結ばれ、よい国民として人類の平和と文化に貢献するように、みちびかれる」という子育ての目標は鮮明であり、冒頭でとりあげた児童憲章の三つの理念とともに平和と文化の担い手として子どもたちを育てていく課題を明確にした児童憲章の意義は今なお重要である。

児童憲章は、子どもの生活と発達を保障する政策と運動の指標として大きな役割を果たしてきた。１９６４年から発行され続けてきた『子ども白書』（日本子どもを守る会編集）は、毎年、子どもの健康・医療、家庭、福祉、教育、文化、少年司法等をめぐる諸領域における子どもの生活と発達をめぐるリアルな実態を総合的に明らかにして来た。問題把握の視点を提供し、諸分野の運動の連携と取り組みの土台となっていたのが児童憲章であった。子どもの権利保障の実態と到達点をめぐる点検運動ともいうべき『子ども白書』づくりは、現在「子どもの権利条約」を手がかりにして、国連子どもの権利委員会を舞台にして全世界的規模で取り組まれている「報告書づくり」（政府および市民・NGO団体による）と「国連審査」、国連からの「各国政府への勧告」という子どもの権利点検運動の先取的実践と言えるものだったのである。この点においても、児童憲章と子どもを守る運動が果たしてきた先駆的役割は重要な意義を持っている。

## 5. 児童憲章が果たしている役割をつかみ直すために――「母子健康手帳」への注目を

児童憲章制定70周年にあたって、「児童憲章を忘れてはならない」ことを提起するのは、児童憲章とそれを支える児童福祉の法体系と母子保健にかかわる諸制度によって、戦後に誕生したわが国のすべての子どもたちの生存と健康にかかわる基本的権利が保障されて来たからである。大袈裟かもしれないが、あなたと私が、赤ちゃんのころから健康に育って来られて、今ここに生きていられるのは児童憲章のおかげとも言えるからである。

先に紹介したように、児童憲章をすべての国民に積極的に知らせるという方針のもと、自治体から交付される「母子健康手帳」の中に児童憲章が収録されていることをご存知だろうか。国籍と年齢を問わず日本で出産するすべての赤ちゃんと妊産婦は、妊娠および誕生と共に児童憲章に結びつけられ、児童憲章に守られて生まれ育っているのである。母子健康手帳には、赤ちゃんの発育の状態をチェックするための身長・体重の記録や予防接種や乳幼児検診の記録とともに、児童憲章のページがある。母子健康手帳は、多くの場合子どもを育てる母親だけでなく、父親も赤ちゃんの発育の記録を読み・記し、それを手にしているであろう。実際に児童憲章を読んでいるかどうかにかかわらず、すべての父母が児童憲章を持っているのである。児童憲章が、すべての親と子に配布され既に持っているという事実とその意味について、改めてその重要性を喚起しておきたいのである。

私が住む自治体が交付している母子健康手帳の裏表紙には次のように書かれている。

「この手帳を活用して、お母さんとお父さんがいっしょになって赤ちゃんの健康、発育への関心を持ちましょう、お父さんもお子さんの様子や自分の気持ちなどを積極的に記録しましょう。お子さんが成人されたときに、お母さん・お父さんから手渡してあげることも有意義です。」

私は、大学の授業で、「児童福祉の力・児童憲章の役割」を取り上げた際、学生たちに自分の母子健康手帳を親から受け取り、読んでみるようにという課題をだした。すべてと言ってよいほどの学生が、それぞれに次のような感動を綴ってくれる。

こうしてぎっしり書かれた自分の記録を読んでみると母との絆を感じる。妊娠から出産、出産後まで絶えず成長を見守り、記録を残してくれたと思うと愛を感じるからだ。母子手帳を見るまで、小さい頃の自分がどのようにして親に守られ、育てられてきたのか知らなかった。こんなにも多くの健康チェックがあって、受けなければならない予防接種があって、子育て教室という講座を母が受けていたことも今回初めて知った。自分も大人に近づき、親に守られているという感覚が薄くなってきた中で母子手帳という親子の歩みを読み返すことは、自分の原点・親への感謝をもう一度振り返ることに繋がった。母子手帳を通して母と語ることで、自分の幼少期や母の子育てを考えるだけではなく、私自身が母となる未来への視野も広がった。自分が母になることなんて想像もしたことがなかったが、数年後にはもしかしたら母になっているかもしれない。その時、自分の母と同じように母子手帳を受け取り、子どもの成長記録を書く。母子手帳という、母親の仕事の一つの見本を目の前にして、自分もそう遠くない未来で親になる日は来るという、大人になることへの自覚を認識させられた。

お子さんが成人したときに手渡そうという先の自治体の提案は素晴らしいが、「成人」まで待つ必要はない。父母が我が子の誕生を心待ちにし、産声を聞き、新しい命をわが手に抱いたときの感動、その命を育ててくる中での喜びや悩み・不安の記録、慈しみの感情の刻印とでもいえる母子健康手帳は、子どもにとっての財産であり親にとっては初心にもどって子育てを捉え直す原点である。父母の子育ての記録を読んで欲しいのは、子どもの背丈が親に近づいてきた時であり、特に親子の関係に難しさが生じやすい思春期の子どもたちにである。その時に、ぜひとも児童憲章のページにも目をとめ、父母による我が子の子育ての私的な努力を、日本社会が公的に支えてきたのだということをつかみ直して欲しいのである。

## 6．児童憲章のおかげ

戦前のように子どもを「天皇の赤子《せきし》」と捉え、国家に忠実な兵士を育てるための教育と軍備に国家予算をつぎ込むのではなく、平和憲法の下で平和な社会の実現と、一人ひとりの子どもの命と健康を守り、人格の主体として子どもの品位と権利を尊重することに国家予算を配分してきたことにより日本の子どもの乳幼児死亡率を、世界のトップクラスの低さに下げ、子どもが死なない国がつくられてきたのである。先に紹介したユニセフの調査で「身体的健康」のトップの位置を占める国になっているのは、不十分さを残すとは言え、第2次世界大戦後の児童福祉・母子保健の長年の努力の成果であり、いまもなお子どもと親に光を注ぎ続けている児童憲章の理念のおかげである。

不幸なことに、学校教育の分野は、「逆コース」以来、教育基本法（1947年3月）の理念を崩し、人格と品位を重んじる教育ではなく、国家と経済発展を担い支える人材の育成、「期待される人間像」（1966年）などの育成のために、学力テストによる競争と道徳教育による内面の管理を強め、子どもたちの精神的な自由と自尊感情を奪い続けてきた歴史がある。国連子どもの権利委員会への市民・NGO報告書（『日本における子ども期の貧困化―新自由主義と新国家主義のもとで』子どもの権利条約市民・NGO報告書をつくる会編、2018年3月）に詳述されているように、国の教育政策の下での抑圧は今もなお新たなレベルで強化されている。日本の子どもたちの「精神的幸福度」が低いのは、その結果なのである。

児童福祉法は２０１６年の改定によって、その第1条に「児童の権利に関する条約の精神にのっとり」と明記されたが、教育基本法をはじめ、教育の分野の主たる法律にはいまだ書き込まれず、教育行政は子どもの権利条約の内容に逆行し、その精神を無視している。児童福祉の分野とともに、教育の分野においても、とりわけ学校教育の分野において、子どもの権利条約の精神と規定を位置づけることが緊急に必要であり、その大前提として児童憲章の理念と憲章が果たしてきた歴史的役割について振り返ることが不可欠である。それゆえ「児童憲章を忘れてはならない」のである。

# 二．「児童憲章」制定70周年
## ――忘れられていること・残された宿題

### 1．児童憲章制定の舞台裏をのぞく

児童憲章は、わずかに12項目からなる短いものだが、その前文は特に有名であり「児童は、人として尊ばれる。児童は、社会の一員として重んぜられる。児童は、よい環境の中で育てられる。」というこの3項目とともに児童憲章の名を知っている人は多いであろう。

しかし、児童憲章がなぜつくられたのか、どのようなプロセスを経て成文化されたのか、制定の過程でどのようなことが議論され、どのような課題と宿題が残されていたのかなど、細部にわたっては、知られていないことや忘れ去られていることが多い。児童憲章の制定過程に直接かかわった人々の多くがすでに世を去り、当時の記録のみがその歩みと足跡を留める状態にあるが、制定70周年の節目に当たり、改めて児童憲章の記録をひもとき、児童憲章の意義を考えてみたい。

児童憲章制定の舞台裏は、その発議から議論の過程、案文の作成、宣言式典までの全てのプロセスにか

かわった当時の厚生省の担当者・田代不二男《ふじお》氏（のち東北大学・立正大学教授）の証言と記録によって、明らかにされている。[1]

児童憲章は、日本国憲法、教育基本法、児童福祉法など基本的人権と平和主義を柱とする敗戦後の日本社会の民主主義的法制の成立を背景として、「戦後国民の間に、児童の基本的人権を護ろうとする機運が高まり、中央児童福祉審議会で、正式に取り上げられるようになった」ことが、その発端と言われている。

しかしそれは、あくまでも表向きに発表されたストーリーであり、その裏には、GHQ・PHWの職員I・H・マーカソンによる巧みな示唆（正式な指令や命令ではないが）を受けて、厚生省児童局メンバーの主体的な取り組みが起こり、中央児童福祉審議会への働きかけが始まったという伏流水があった。

GHQによる占領政策の一環として、マーカソンから彼と親しくしていた浅賀《あさが》ふさ[2]（厚生省児童局・企画課職員）に「日本でもこういうものをつくったらどうか」と英文の資料が手渡されたことが発端だったという。浅賀に手渡された英文資料には、ジュネーブ宣言（1924年）、アメリカ児童憲章（1930年）、中国児童福祉綱領（1946年）などが綴《と》じられており、浅賀から相談された田代は、「これはいいなあ。やってみたらいいね」と二人の意見が一致し、上司の企画課長、児童局長、事務次官へと話が進み「これはいける。ぜひやろう」と言うことになったのだと記されている。

その後、田代と浅賀らはマーカソンから得た英文資料を翻訳するとともに、児童憲章の策定を、上からの「官制児童憲章」にしないために「一般国民からの要望で作ったとするためにどうすればよいか」を考え、厚生省児童局の諮問機関である「中央児童福祉審議会」からの発議とするのがよいという結論に至り、

1949(昭和24)年6月28日、第14回中央児童福祉審議会にて各委員に翻訳資料を配布し、事務次官が正式に提案の趣旨説明を行う。全員一致で賛成されて「児童憲章制定準備委員会」が発足したのである。「児童憲章制定準備委員会」には、厚生省児童局が草案を提案することになり、田代不二男が起案して児童局で手直しし、それを試案として中央児童福祉審議会の審議が開始されたのである。

ここから先の詳しい審議過程は厚生省児童局『児童憲章制定記録』中央社会福祉協議会刊(1951年9月)に記されているので、当時の白熱した議論を読むことができる。

## 2. 児童憲章制定会議の運営と議論

### (1) 民主的論議の組織化

1949年6月の第14回中央児童福祉審議会で発議されて以来、2年間にわたり官民が一体となって、文字通り民主主義的な討論が積み重ねられたことは特筆に値する。厚生省が「児童憲章制定のために」と題するパンフレット5万部を配布し、中央と地方の児童福祉審議会をはじめ、ひろく一般市民や各種団体の意見を聞き、それを最終的に中央児童福祉審議会が取りまとめていくという形で国民的な議論と検討の機会が積極的に組織された。また「児童憲章に関する五つの質問」を各界の有識者2000人に配布して意見を求めるとともに、新聞紙上にも児童憲章案が紹介され、各県レベルから、たとえば東京都や神奈川県の児童福祉審議会が独自の児童憲章案を作成するとともに、児童憲章草案準備委員の高島巌《いわお》氏や石山修平氏の私案が児童憲章制定会議に提案されて論議されている。児童憲章制定会議は内閣総理大臣が招集し、中央官庁推薦の委員、衆参国会議員、各県の児童福祉審議会の委員など、２３６名が参加し自由に意見を述べ合い、活発な議論がなされたのである。これらのプロセスには児童憲章の制定過程それ自体が、「国民の間に児童福祉思想を普及し、児童の基本的権利について国民を啓発する」というねらいが含まれていたのである。

### （2）いくつかの論点

#### i 宗教について

制定会議の中で、多くの意見が出されたにもかかわらず、結論をだきないまま先送りされたのが「宗教」の問題である。中央児童審議会の草案の第7条には「すべて児童は、自然を愛し、科学と芸術を尊ぶように教えられ、宗教的情操の素地が培われなければならない」となっており、いくつかの県の代表から「宗教的情操」の言葉をぜひ書き込むべきであると強く主張されたものの、一方には慎重な反対意見もあり、最終的には「道徳的心情が培われる」という言葉に落ち着いた。「道徳」と「宗教」はレベルの違う問題であることを確認しつつも、金森議長は「この問題は未解決の問題として……児童憲章に触れることを避け、……今後の研究に残す」という言葉でまとめた。したがって宗教問題は、研究課題として残されたままなのである。

また児童憲章制定会議においては、第12項に「戦争と軍備の放棄」や「争いと暴力を排して」など、戦争反対の文言を入れるかどうかや、「青少年団体の組織化」問題や、「児童憲章の改正の可能性」など重要な事柄も話し合われていたことにも注目しておきたい。

### ii 実効性をもたせるための予算措置

児童憲章の内容を実現するための独自の予算措置は最初からなかった。政府の事務部局の高田厚生省児童局長は「児童憲章普及徹底費とせられます国費は実は本年度の予算には盛ってありません」と述べ、児童福祉週間や児童福祉大会の予算を使うことや、「費用がかからない方法で、お互いの心構え如何によって達成できるような方法で普及徹底に努力したい」とのべる状態でのスタートだったのである。

## 3. 児童憲章第10項に誤記あり

今回、児童憲章制定会議の議事録に、改めて丹念に目を通したところ、制定会議で確認された重要なことが継承されていないことを発見した。それは児童憲章の第10項の表記に関する事柄である。児童憲章制定会議では会議の席上まとめを行った金森議長は、第10項目をめぐる議論の中で、岐阜県代表より「放任」を「閑却」という言葉に変えた方が良いという発言があったことにも触れながら、原案通り放任にしようと述べた後に、「十の『あやまちをおかした』というところが、別行になっておりますが、こういうことは直ぐ続けて書いたらよかろう、こういうご議論もございました。しかし、この趣旨をよく見ておりますと実は第一行目にありまする事と、第二行目にありまするこことは同じような性質のことではございません。或る関連があるから同じ項目の中に入っておりまするけれども事柄としては違っておるのでありまするから、殊更二つくっつける必要もなかろうということで、解決しております。[3]」とまとめていた。

すなわち、第10項の最初の虐待、酷使、放任……のくだりと、つぎのあやまちをおかした児童は……のくだりに関して、前者は被虐待の問題、後者は非行問題であり二つは性格が異なる問題であるから、これらを1行にまとめて書くことはせずに、その違いを明示するために二つの文章は分けて書くことにするというのが、制定会議の確認事項であったのである。

ところで今日、私たちが目にする児童憲章の資料はどのように表記されているだろうか。実際に調べてみると、その多くが1行にまとめて表記されており、制定会議での確認事項がすっかり忘れ去られている。児童憲章70周年に当たって、諸機関・諸団体は印刷物をよく点検して、制定会議での初発の確認に基づく表記に改めるべきであろう。[4]

一．の2．に書いたように、5月5日の児童憲章制定の祝賀行事は大々的に行われた。予算措置がなかったが、普及に向けて厚生省は各都道府県知事あてに児童局長通知「児童憲章について」第296号（1951年6月2日）を発して、様々な取り組みのアイデアを提起していた。学校の授業で教えること。PTA、公民館で知らせること。母子健康手帳に書き込むこと。新聞、映画、幻燈の活用と「児童憲章の歌」の募集。タバコやキャラメルの箱に印刷することまで、児童憲章制定直後のキャンペーンには大きな高揚感があった。

しかし、児童憲章制定の高揚感と普及へのとりくみは日も経たないうちにブレーキがかかり、頓挫することになった。それは、児童憲章の制定プロセスと同時期に朝鮮戦争が勃発（1950年6月）したからである。GHQの対日占領政策の転換によって、日本社会の民主化の抑制・再軍備化、いわゆる「逆コース」の始まりによって理想に向かう歩みが方針転換され、児童憲章の普及と実質化への道は放棄される運命をたどることになったことは前節に述べた通りである。

## 三．子どもの品位と権利を尊ぶ
### ——コロナ禍の中で児童憲章の価値の再確認を

### 1．児童憲章は生きている

コロナウイルスの感染力は、1年経っても衰えず、引き続き感染拡大の危機の中に置かれている。世界的にワクチンの接種が始まったとはいえ、優先順位は医療関係者そして高齢者からということで、集団接種の効果と、年少者への接種の可否はまだ先が見えない状況にある。この間、コロナウイルスの変異株が次々に現れており、コロナウイルスと人類の格闘は、まだまだ続くであろう。

ところで２０２１年は、わが国の「児童憲章」が制定されてから70年目の節目の年である。児童憲章は、第2次世界大戦後の平和と人権を重視する国際世論と、民主主義の徹底と国民主権を希求する国民の強い願いの中でつくられ、そこには新しい子ども観が結晶している。児童憲章は、日本国憲法と同様に、今日もなお生命力を持つ社会的な約束であり、子どもの問題を考える場合の第一の基準・基礎となるものである。国連子どもの権利条約の採択（１９８９年）よりもはるかに早く、子どもの権利とともに子どもの品位の尊重が高々と謳《うた》われており、日本の子どものしあわせ実現にむけての理想と目標が明示されている。しかし、この日本の宝ともいうべき児童憲章の約束と価値が、政府機関においても国民生活の中でも忘れ去られていることは、極めて残念なことである。

## 2. 児童憲章と感染症

コロナ禍の中での経済的困窮により、家計のひっ迫状況が日に日に深刻になっている。日々の暮らしと子どもの教育費が失われ、さらには生理用品すら十分に買えない「生理の貧困」がさけばれる現状は、「児童憲章」第3項「すべての児童は、適当な栄養と住居と被服が与えられ、また、疾病と災害からまもられる」への侵害の問題である。いま直面している子どもの貧困や、この数年頻発している大規模災害・自然災害との関係でも、児童憲章の規定の完全実現の課題はますます重要性を増している。

疾病・感染症との関連でいえば、1960年前後に、ポリオ（小児麻痺）が世界的に流行した時、子どもたちの命を守るために、母親運動・子どもを守る運動の大きな盛りあがりの中で、生ワクチンを緊急輸入したことがあった。東西冷戦下にあって、ソ連からの生ワクチンの輸入をしぶる政府を動かし、ソ連から大量の生ワクチンを輸入したことで、日本国内でのポリオの感染拡大を防ぎ、その後のポリオ撲滅につながったという重要な歴史がある。母親運動と子どもを守る運動の先輩たちの奮闘は、1964年に創刊された『子ども白書』の中にも「ポリオ予防ワクチンのこと」が〈健康〉領域で取り上げられ、日本子どもを守る会の機関紙「子どもを守る」には、さらに詳細に高揚する運動の記録が掲載されている（1960年12月号、1961年3月号、6月号、7月号など）。

ポリオ生ワクチンの緊急輸入問題は、医療史の分野だけではなく、社会運動史としても、知る人ぞ知る有名な歴史である。『子ども白書』では、その後もワクチン問題を取り上げており、日本の多くの子どもたちがその恩恵にあずかって生きてきたのである。

「児童憲章」の全文は、各自治体が発行・交付している「母子健康手帳」の中に印刷されるとともに、今日もなお日本の子どもたちを疾病から守り、健康を維持し豊かな成長を守る予防接種のしくみを支える基礎・基本理念として機能している。そうした歴史のうえに立って、今日のコロナウイルス問題への対応も考える必要があるだろう。

## 3. こども庁・子ども省

コロナ感染拡大が、子どもの生活と発達に多くの困難をもたらしている中、自民党と政府は、にわかに「こども庁」なる組織の新設をうちだした。いじめや虐待など社会問題化している課題への対応が複数の省庁にまたがっているので、それらを一元化して政策と予算を子ども問題の解決にむけて集中するためだとの説明がなされ、次期衆議院選挙の公約にするとしている。

従来から、子ども施策における省庁分断の弊害が指摘され、総合的な子ども施策と省庁統合の必要性が語られてきたがいずれも成功してこなかった。組織の再編をするための根本的な問題として、「こども庁」の原理、基本的な理念が少しも見えてこない。少なくとも、日本政府が決めた子ども政策の根本理念である「児童憲章」や、国際的な約束である「子どもの権利条約」との関係が語られねばならない。

すでに国連からは、日本政府の報告書に対して、子どもの権利に関する包括的な法律の制定と包括的な政策及び調整機関を設置すべきとの勧告がなされており（「日本政府第４・５回統合報告に関する最終所見」２０１９年３月５日）、国内の諸団体からも解決すべき子どもの問題について詳細な課題が提起されている。57冊目をむかえる２０２１年の『子ども白書』にも、政府が取り組むべき課題が各分野にわたって総合的に提起されている。

児童憲章70周年の記念すべき年にあたって、初心を忘れず原点にたちもどって、子ども施策の基本理念と基本方向を考えるべきであり、憲法の大切さと同じように私たちは「児童憲章」の大切さを忘れてはならないと思う。コロナ禍の中で、子どもの品位と権利を尊ぶ児童憲章の価値を再確認し、子どもの権利条約の諸規定と連動させて日本の子どもたちのしあわせの実現をめざしたいものである。そうした課題に関連して、山下雅彦氏が提唱している「子どもの人間的尊厳への『リスペクト運動』を」というよびかけの重要性に注目しておきたいと思う。[5]

なお、『子ども白書』２００９年版において、当時の日本子どもを守る会会長の正木健雄氏が、子どもに関する諸施策に総合的に取り組むための「子ども省」を提案され、２０１０年版『子ども白書』では児童憲章と子どもの権利条約にもとづく〈「子ども政策」づくりへの総合的提案〉を特集テーマとして掲げる先駆的な試みがなされていたことも記録に留めておきたいと思う。

〈第二章の注〉

1　「児童憲章とその制定事情」『児童憲章』田代不二男・神田修編著、北樹出版、1980年6月。

2　日本女子大学英文科を卒業後アメリカのシモンズ女子大学大学院で社会事業を学び、その後ハーバード大学大学院で教育学を学んだ。帰国後、1947（昭和22）年から厚生省児童局の嘱託として勤務し、のち聖路加国際病院にて医療ソーシャルワーク（MSW）にとりくみ、日本福祉大学教授等を歴任した。アメリカ留学にて社会事業・社会福祉を学び語学に堪能だったこともあり、マーカソンは、厚生省で浅賀に子どもの権利に関する英文資料を手渡したものと思える。

3　1951年5月5日（土）午後1時から開かれた児童憲章制定会議・小委員会委員長金森徳次郎氏の発言（『児童憲章制定記録』95ページ）。

4　実は、日本子どもを守る会の資料も1行にまとめた表記がなされていたのだが、児童憲章70周年に当たって改定した。各団体もよく点検して、制定会議での初発の確認に基づく表記に改めるべきであろう。

ちなみに、厚労省のホームページに掲載されている各都道府県知事あて厚生省児童局発の「児童憲章について」第296号（1951年6月2日）には、制定会議の議事の確認通りにきちんと2行に分けて表記されているものの、「母子健康手帳の様式について」の作成マニュアルにおいて間違った表記になっているので、それを参考にして全国各自治体が作成している「母子健康手帳」に誤りが継承されているものもある。また文部省の資料では、1951年9月1日発行の『解説児童憲章』（文部省児童文化分科審議会編）のときから、1行に詰めた表記になっており、現在の文部科学省のホームページも間違った表記のままであるので、早急に修正すべきである。

5　「地域に子どもの居場所はあるのか――子どもの人間的尊厳への『リスペクト運動』を」『かごしまの子ども』第37号、鹿児島子ども研究センター、2020年8月。

# 第3章 子どもの権利条約の力

## ——子ども観・子育て観の深化

# 一．子どもの権利条約をめぐる到達点と課題のいま

## 1．人権史の到達としての〈子どもの人権〉と国際的運動

１９８９年11月20日、国連総会で満場一致で「子どもの権利条約」が採択されてから30余年、日本政府がこの条約を批准（１９９４年）してから25年を超える月日が経過した。

人権史から見ると、〈子ども〉の人権の国際的承認は、人類の知恵の到達であり未来に向けての挑戦である。まったく偶然のことであるが、フランス革命（１７８９年）から丸２００年の月日を経て、〈子ども〉の人権保障に行きついたことになる。「人権宣言」に基づいて、人間の不平等を克服する歩みは、幾多の苦難に満ちた人類の闘いの歩みであり、門地・貧富・人種・男女・障害と、人間社会がかかえる巨大な差別と不平等の解決をめざす取り組みであった。これらの不平等は、先人たちの命を懸けた闘争・社会的運動を経て、「人種差別撤廃条約」（１９６５年）、「女性差別撤廃条約」（１９７９年）のように、国際条約に結実させてきたのである。

しかし〈子ども〉に関しては、発達途上であるがゆえに、その権利が侵されていても声を上げられず、自らの人間的権利を主張する独自の社会的運動が成立しにくかったために、子どもの人権に対する国際条約の成立は後回しになってきたが、ようやく20世紀末に子どもの人権条約の採択にたどりついた。その成果が子どもの権利条約である。

地球環境破壊の急速な進展、貧困渦巻く途上国での人口増加と幼い命の喪失、先進国での少子化によって、人類の未来そのものが危機に直面していることが明らかとなり、子どもが生きる未来社会、さらに〈未来に生まれてくる子ども〉の人権を保障するために「世代間の平等」の理念も生みだされている。[1]

スウェーデンの少女グレタ・トゥンベリさんが提唱し、いまや子ども・若者の国際的な運動となっている「気候のための青少年ストライキ」「グローバル気候マーチ」は、まさに未来に向けて生きる子ども・若者の人権保障の闘いであり、次に続く未来世代のための闘いとなっている。2019年9月、グレタさんら12か国の若い環境活動家たちが「未来の気候は子どもの権利である」と、「国連子どもの権利委員会」に救済の申し出を行ったが、その行動はまさに「子どもの権利条約」に明記された〈子どもの意見表明権〉の行使であり、〈社会参加権〉の具体化である。

1989年、国連子どもの権利条約に結実した子どもの人権、未来世代の権利保障の理念は、子ども・若者が自らの人権を掲げて地球社会の表舞台の主役に躍り出て活躍することを支える力・土台になっている。

## 2. 進む子ども期保障への展望――国連審査システムを通じて

国連で子どもの権利条約が採択され、日本政府が条約を批准したことの大きな成果は、条約の履行に関する国連への報告と審査のプロセスを通じて、国内の子どもの権利保障の実態と問題点・課題がトータルに明らかにされてきたことであろう。

子どもの権利条約には、その第2部に批准国の義務として国連子どもの権利委員会（ＣＲＣと略す）への報告義務が課せられている（批准2年後、そのあとは5年ごとに―条約第44条）。

この規定に沿って、すでに日本政府の報告書審査が4回にわたって行われ、国連からの「最終所見」（勧告を含む）が出されてきた。政府の報告書提出は義務付けられているが、その機会に市民・ＮＧＯからも報告書を提出できることになっており、日本国内からもいくつかの団体・機関が市民サイドの報告書（カウンターレポート）を提出してきた。ＣＲＣでの審査プロセスと最終所見に日本の子どもの権利の実態がより正確に反映される上で、市民サイドからのレポートは大きな貢献をして来たが、４回にわたる国連審査の経緯は次のとおりである。

第1回政府報告書（１９９６年5月）、第1回ＣＲＣ最終所見（１９９８年6月5日）
第2回政府報告書（２００１年11月）、第2回ＣＲＣ最終所見（２００４年1月30日）
第3回政府報告書（２００８年4月）、第3回ＣＲＣ最終所見（２０１０年6月11日）
第４・５回政府報告書（２０１７年6月）、第４・５回ＣＲＣ最終所見（２０１９年3月5日）

（なお次回の第６・７回政府報告書は、２０２４年11月21日までの提出が義務付けられている。）

これらのプロセスの中で、日本政府報告書に対するカウンターレポートが日弁連や市民サイドから提出されてきたが、筆者が直接関わった市民サイド報告書（「市民・ＮＧＯの会」作成、旧名称「市民・ＮＧＯ報告書をつくる会」）を紹介すると次のようなものである。

第１回『〝豊かな国〟日本社会における子ども期の喪失』（１９９７年10月）

第２回『〝豊かな国〟日本社会における子ども期の剥奪』（２００３年10月）

第３回『新自由主義社会日本における子ども期の剥奪』（２００９年11月）

第４・５回『日本における子ども期の貧困化――新自由主義と新国家主義のもとで』（２０１７年11月）

一連の審査を通じて、明らかになった特徴は、日本では義務教育や児童福祉が確立しており子どもの権利が高いレベルで保障されているとする政府報告書に対して、ＣＲＣの最終所見は、不登校や体罰やいじめ等の問題を抱える日本の教育制度が「競争的である」こと（'highly' 第１回、'excessive' 第２回、'extremely' 第３回、'overly competitive' 第４・５回）が指摘され続け、教育制度の改善が求められてきたこと。さらに子どもへの虐待や児童ポルノの野放し、子どもの遊び・余暇の喪失への厳しい批判がなされてきたことにも注目しておかねばならない。

最新の第４・５回の最終所見では、教育制度が競争主義的であることを超えて社会そのもののあり方への批判の目が向けられ「社会の競争的な性格により、子ども時代と発達が害されていること」への危惧が示されているのである。[2]

## 3．国内法への反映と自治体条例づくり

子どもの権利条約採択と批准がもたらした成果として注目すべきは、この条約の精神と規定を日本の子どもたちの生活の改善と権利保障につなげるために、国内法と連動させることや自治体レベルでの「子どもの権利条例づくり」が進んだことであろう。

まず自治体条例づくりに関して見ておくと、先駆的な川崎市の条例（2000年12月公布）をはじめ2019年4月までに全国48自治体で子どもの権利条例がつくられている。また兵庫県川西市の「子どもの人権オンブズパーソン条例」（1998年）のような子どもの権利擁護と救済をめざした条例が30余の自治体で制定されている[3]（子どもの権利条約総合研究所調査）。それら自治体の条例は、各自治体の議会会派の事情や条例づくりに参加した市民団体の意図や世論を反映して、子どもの権利を強く掲げたものから権利の用語の使用を避けたものまで、多様な内容になっているが、全体として「子どもの最善の利益」や「子どもの意見表明権」などが取り上げられており、子どもの権利条約の普及に寄与していることは間違いない。特に、条例づくりのプロセスに子どもの声を反映させる努力や、多治見市のように幼児向けの紙芝居作成や平易な冊子・リーフレットの作成も試みられていることにも注目しておきたい。

国の法制のレベルを見ると、批准以来の25年余に、すでにいくつかの子ども関連法に「子どもの権利条約（政府訳は「児童の権利に関する条約」を採用）が位置づけられている。主要な法令をピックアップしてみると、「子ども・若者育成支援推進法」（2015年）、「改正児童福祉法」（2016年）、「多様な教

育機会確保法」（２０１６年）、「成育医療基本法」（２０１８年）、「子どもの貧困対策推進法」（２０１９年）などがある。いずれも総則の目的条項の中に「児童の権利に関する条約の精神にのっとり」と書き込まれている。

中でも、教育関連諸法とともに日本の子どもの人権保障に関する車の両輪の一つを担う「児童福祉法」に書き込まれた意義は極めて大きい。基本法のレベルにとどまらず、たとえば学童保育に関する「放課後児童クラブ運営指針」（２０１５年）のように、直接子どもに関わって仕事をする指導者・支援員の実践レベルにおいて子どもの権利条約の具体化を求める指針がつくられ、子どもの権利擁護の視点が放課後児童支援員研修のカリキュラムに組み込まれるに至っている。そこには、「子どもの人権に十分に配慮するとともに、子ども一人ひとりの人格を尊重して育成支援を行い、子どもに影響のある事柄に関して子どもが意見を述べ、参加することを保障する必要がある」や「行事等の活動では、企画の段階から子どもの意見を反映させる機会を設ける」などの指摘のように子どもの意見の尊重と主体的参加が位置づけられ、条約の実践的具体化が求められるところまできている。

こうした前進面が見られる反面、後述するように子どもの生活と発達に最大の影響を及ぼしている学校教育において、子どもの権利条約の精神と規定に反し逆行する事態が続いているところに、日本社会の問題の根の深さがある。

## 4．広報義務の不履行と教育行政の障壁――文科省の姿勢と学校教育の逆行性

教育行政において子どもの権利条約は、この25年余にどのように位置づけられてきたであろうか。教育関係法制では、市民運動の力によって成立した「多様な教育機会確保法」が例外的に子どもの権利条約を位置づけているのみである。

２００６年に行われた教育基本法の改正において、本来ならばその目的条項に子どもの権利条約の理念が書き込まれるべきチャンスであったが、条約の理念とはまったく逆行して、男女共学の条項を削除したり、国家権力の教育内容への不介入を規定した第10条を変え、「教育の目標」として「我が国と郷土を愛する……態度を養う」などの愛国心の涵養を掲げ、憲法が保障する精神的自由侵害の危険性が大きい改悪が行われた。すでに、子どもの権利条約の批准・発効に際して、当時の文部省は次官通知（１９９４年５月）を出して「本条約の発効により、教育関係について特に法令等の改正の必要はない」とし、「児童の意見表明権」は、「理念を一般的に定めたものであり、必ず反映されるということまでをも求めているものではない」「校則は、（中略）学校の責任と判断において決定されるべき」として子どもの権利条約の精神や規定が学校教育に及ぶことを遮断していたのである。基本法レベルでの逆行と、通達レベルでの遮断により、教育行政を通じて、子どもの権利条約が学校教育に影響を及ぼすことはなかった。教育行政の中枢にいた前川喜平氏（元文部科学事務次官）は、『子ども白書２０１９』の座談会で「日本の学校は子どもを『権利者』とは見ていない」と明言している。[4]

近年の学校教育は、学力テストの導入により競争的な教育に拍車がかけられ、競争に勝つための「○○スタンダード」や、カリキュラムマネジメント、ＰＤＣＡサイクルによって教師への縛りが一段と広がり、教育の自由が失われて子どもへの管理と指導が強まっている。

子どもの権利条約のいまを見つめると、児童福祉分野における前進と、教育分野における逆行性のズレと矛盾が際立って見える。子どもの人権史の潮流の最先端に位置づいている児童福祉・学童保育と、人権史に抗い逆流を生み出そうとする学校教育の矛盾の中に子どもが置かれている。いま小学校の数は２万弱、学童保育数（支援の単位）は３万を超えている。施設の設置数にとどまらず、開設日数も学童保育の方が多く、子どもが滞在する時間も学童保育で過ごす時間の方が長い。[5] 量的には逆転してきているにもかかわらず、現実には、子どもの生活と発達に関しては学校教育の影響が圧倒的に支配的であり、子どもの権利実現の道が阻まれている。

子どもの権利条約を子どもの生活と発達に結びつけ、日本の子どもの子ども期の充実としあわせ実現の道が、固く遮断されている学校教育の壁を打ち破り、学校と教室の中に子どもの権利条約の風が吹き込むようにすることが最大の課題であるといえるだろう。

## 5．国連勧告の履行を強く求める――条約の内容を実現する人の育成を

子どもの権利条約第42条には、この条約の広報義務（適当かつ積極的な方法で、この条約の原則及び規

定を成人及び子どものいずれにも広く知らせること）が規定されている。日本政府は、条約の広報義務を果たすことに極めて消極的であった。その消極性についてCRCは、これまで4度にわたる最終所見で、繰り返し懸念を表明し、改善を勧告し続けてきた。勧告の重要な内容は、次の点である。その一つは条約の規定および人権の学習をあらゆる段階の学校カリキュラムに組み入れることである。

第2は、子どもに関わる職業に従事しているすべての専門家（とりわけ教育のあらゆる段階の教員および学校管理職、子ども施設の職員や裁判官、家裁調査官、司法関係職員、弁護士、公務員、国会議員など、さらには警察官、自衛官にも）に対して、子どもの権利条約の原則と規定に関する計画的かつ体系的な教育・研修・意識啓発のプログラムを実施することである。

児童福祉法をはじめ子ども関連法におけるこの間の前進面を学校教育の中に取り入れ、教師が複眼的な目をもって子どもの指導に当たることを重視したい。しかし、法律や条例・指針に条約の位置づけが書き込まれようとも、子どもに直接関わる大人の姿勢が変わらなければ、子どもの権利は実現されない。子どもの権利を実現することのできる子ども観と実践力を身に付けるための教育と研修、再教育と継続的な研修は子どもの権利実現にむけての生命線である。広報義務に関するCRC勧告の忠実な履行を強く求めたい。

再三再四の勧告に対しても、それを無視し逆行し続ける日本政府の姿勢を転換させるためには、やはり市民の取り組みの強化が不可欠である。日本における子どもの権利条約の普及と具体化は主に市民NGO／NPOが推進してきたが、市民運動のエネルギーを高め国際的運動と連携して、条約実現のネットワークを引き続き拡大していくことに変革へのカギがある。

## 6．市民NGOの間で進む子どもの権利条約の普及と活用

２０１９年は、子どもの権利条約採択30年、批准25年の節目の年に当たり、子どもに関わる多くの団体・機関が改めて「子どもの権利条約」に注目し、この条約の意義をとりあげた。また同年3月には国連子どもの権利委員会より、第４・５回の日本政府報告書に対する審査結果（最終所見）が公表された。最終所見の内容については、国連での審査に第1回目から市民サイドの報告書を提出し続けてきた「子どもの権利条約市民・ＮＧＯの会」（会長・堀尾輝久）が、緊急の冊子を発行するとともに[6]、より詳細な検討と分析を加えた単行本（『国連子どもの権利条約と日本の子ども期——第４・５回最終所見を読み解く』本の泉社、２０２０年7月）が出版されている。

最終所見が指摘する「社会の競争的な性格により、子ども時代と発達が害されることなく、子どもがその子ども時代を享受することを確保するための措置をとること」や、子どもが自由に意見を表明できるようにすること、またその力を伸ばし発揮させるような子ども参加の積極的な促進など、日本政府が問われている課題は大きいものがある。

「子どもの権利条約市民・ＮＧＯの会」は子どもに関わる諸課題・諸分野での権利を実現するために、児童養護や保育・教育問題や障害児・ジェンダー問題など、多面的な課題に取り組む部会が組織されている。

子どもの生活と文化に関しては「31条の会」（増山均・共同代表）が系統的に取り組みを進めてきており、「子どもと文化のＮＰＯ Ａｒｔ．31」とともに、特に権利条約31条の普及のために、『遊びと文化と自由な時間』『「あそび・遊び」は子どもの主食です！』をはじめ、さまざまなブックレットを発行している。また子どもたち自身に直接条約の内容と意味を伝えるために、子どもの権利条約と子どもの文化権（第31条）について親子で楽しく読める資料（『ワニブタ絵本ガイドブック』31頁図②参照）を発行していることも紹介しておきたい。

２０２０年2月からの新型コロナウイルス感染拡大の中にあっても、「31条の会」とＡｒｔ．31は、緊急のオンラインセミナーを開催するとともに、東京おもちゃ美術館や少年少女東京センターなどと協力して、31条の全国的普及を推進するために「31条のひろば」（２０２０年9月27日）を開催した。コロナ禍のもとでも、子どもの遊びと学びを保障し、子ども同士のつながりを失わないための工夫を呼びかけた緊急ポスター「ガマン、している。でもやめない！」（30頁図①参照）の普及など、子どもの権利条約を子どもたちの手に届けるための活動を旺盛に展開している。

コロナウイルス問題に関して諸団体・諸機関が発信した声明文を見ると、その多くが「子どもの最善の利益」の重視や「子どもの意見表明権」の尊重を掲げており、これまで以上に「子どもの権利条約」の視点の広がりが感じられる。２０２１年は、わが国の児童憲章が制定されてから70年目の節目の年にあたる。母子健康手帳にも収録され、日本で生まれるすべての子どもたちの健康と成長を支えてきた児童憲章が、子どもの権利条約の理念・規定と結合することによってさらにパワーアップされていくことを願っている。

## 二．豊かな〈子ども期〉の保障に向けて
### ――国連勧告を手がかりにして

### 1．世界を動かす子ども・若者たちの意見表明

「いま地球の生態系全体が崩壊しつつある。30年以上、なんの曇りもなく科学は示してきたのに……未来の世代の目はみなさんに注がれている。もし私たちを裏切ることを選ぶなら言おう、私たちはみなさんがこの問題から逃げることを許さない。」とグレタ・トゥンベリさん（当時16歳）は、ニューヨークの国連本部で開催された「気候行動サミット」で、各国首脳らを追及した。２０１５年9月、ＳＤＧｓ（持続可能な開発目標）が国連総会で採択され、国際社会は「誰一人取り残さない」世界の実現にむけて17の目標と１６９のターゲットを設定し、２０３０年までに完全実施を目指すことに合意していた。この年の12月に開催されたＣＯＰ21で「パリ協定」を採択して、２０３０年までに$CO_2$排出量を大幅に削減することが求められているが、この目標達成に後ろ向きな先進諸国政府に対して、いま子ども・若者世代から厳しい要求が突きつけられている。

２０１８年8月にスウェーデンの一人の少女が始めた「未来のための金曜日」「気候のための青少年ストライキ」と呼ばれる運動は、いまや（２０１９年3月時点）全世界１８５か国の６１００か所以上で７００万人を超える若者が参加する「グローバル気候マーチ」へと拡大発展している。こうした行動と並行してグレタさんら若い環境活動家16人は、国連子どもの権利委員会に「未来の気候は子どもの権利である」と訴えて救済を申し立てた。

日本でも東京と京都で、２０１９年の3月にはグレタさんらが提唱する「グローバル気候マーチ」に呼応した子どもと大学生たちが、それぞれ１００人規模の行進をして意見表明をした。（『子ども白書』２０１９年版１９４〜１９５頁）

子どもたちは大人や社会に守られる存在だけでなく、発達途上ながらも自らの意見を表明し、社会に主体的に参加していく存在であること、現在の地球社会を構成する権利主体としての「小さな市民」であることを明確に規定したものが、国連子どもの権利条約である。条約第44条に基づく定期的な国連審査のしくみの中で、第４・５回目の日本政府報告書の審査が行われ、その結果をまとめた国連勧告（「最終所見」）が、２０１９年の3月5日に発表された。

## 2. 国連審査と国連からの勧告（「最終所見」）への注目を

国連での審査に当たっては、政府の報告書とともに、日弁連や市民ＮＧＯサイドからも報告書が提出されてきた。特に「子どもの権利条約市民・NGOの会」は、日本の子どもたちの問題について、〈子ども期の剥奪・喪失〉の問題をデータに基づいて指摘し、第4回・5回の国連審査にあたっては『日本における子ども期の貧困化――新自由主義と新国家主義のもとで』(2017年11月)を提出してきた。

今回の国連の「最終所見」には、そうした指摘が反映され、〈子ども期〉〈子ども時代〉の保障について、「生命生存及び発達に関する権利」の項(パラグラフ20)で「社会の競争的な性格により子ども時代と発達が害されることなく、子どもがその子ども時代を享受することを確保するための措置をとること」が指摘された。また「教育、余暇、および文化的活動」の項(パラグラフ39)では「あまりにも(overly)競争的な制度を含むストレスフルな学校環境から子どもを解放することを目的とする措置を強化すること」と述べている。子ども期・子ども時代の享受と発達の視点の強調は、学校環境だけでなく、社会全体が競争的で、ストレスに満ちているという指摘は、市民NGO報告書の指摘と共通の認識・判断が示されたのである。

「最終所見」には、虐待や体罰の問題、家庭環境を奪われた子ども、障害を持つ子どもについて、さらには気候変動の問題など多面的に子どもの権利保障の課題と視点が指摘されるとともに、経済界の課題や市民社会との協力の問題、広報や研修の必要性も強調されており、日本の子どもたちの権利保障にとって不可欠の課題が示されている。

特に注目しておきたいのは、子どもの意見表明権の理解についてだろう。発達の視点に立脚して、子どもの願いや想い(views)を聞き読み取ってもらう権利として、まさしく大人や社会の側がしっかりと受け止めるべき関係的権利として、子どもの「最善の利益」という中心的概念にそった理解の深化が図られている。その上でさらに意見表明の機会や環境への配慮が不可欠だとして、参加することが〈子どもの力になるような参加（empowered participation）〉になる必要があるという重要な指摘（パラグラフ19、22）がなされている。「子ども期」への配慮の重要性が、子どもの〈発達〉の視点から述べられていることこそ、今回の国連からの勧告（「最終所見」）の最大の特徴といえる。

## 3．「子ども期」の保障と子どもの遊び・余暇・文化

子どもの発達と「子ども期」の保障という視点に注目した場合、子どもの休息・余暇、遊び・レクリエーション、文化的生活・芸術への参加の権利を規定した「子どもの権利条約第31条」に特に注目しておきたい。条約第31条は、子どもの生活を豊かにし、「子ども期」を保障するための基底的権利といえるものだからである。国連子どもの権利委員会は、各国政府との審査を通じてのやり取りの中で蓄積された知見に基づき、２００１年から権利条約の主要な条文についての総括的概説であるジェネラルコメント（一般的意見）を発表してきた。２０１３年に公表された条約31条に関するジェネラルコメント第17号の中には、休息・余暇を否定することは「子どもたちの発達・健康およびウェルビーイングに対してとりかえしのつかない身体的・心理的影響を及ぼす可能性がある」との警鐘が発せられ、特に、遊びについては「子ども時代の喜びの基本的かつ不可欠な（生死にかかわるほどの）側面であり、かつ身体的、社会的、思考的、

情緒的および精神発達に不可欠な要素である」との指摘がなされていた。今回の「最終所見」では、「休息、余暇、遊び、レクリエーション活動、文化的生活、および芸術に関する一般的注釈第17号（２０１３年）に基づき、本委員会は、十分かつ持続的な資源を伴った遊びと余暇に関する政策を策定、実施すること、および、余暇と自由な遊びに関する子どもの権利、および、子どもの年齢にふさわしい遊びとレクリエーション活動を行う子どもの権利を確保するための努力を強化することを締約国に勧告する」（パラ41）と述べ、子どもの自由な遊びと余暇の保障の問題に光が当てられている。

振り返ってみると、条約第31条は、２００７年ごろまでは〝忘れられた条文（forgotten right）〟と言われており、ＩＰＡ（International Play Association＝子どもの遊ぶ権利のための国際協会）などの国際的運動の展開により、ようやく２０１３年に条約第31条に関するジェネラルコメント第17号が出されて、その意義が改めて見直されてきた経過がある。

私は、１９９６年に国連子どもの権利委員会に提出した第１回市民ＮＧＯ報告書作成の段階から、条約第31条の独自の意義に注目し、国内の関係諸団体のメンバーと協力して「31条の会」を立ち上げ、継続的に研究会を行い、今回も第４・５回市民ＮＧＯ報告書づくりに参加してきた。さらにこの間、市民ＮＧＯ報告書づくりおよび国連の最終所見の検討、さらには国内での31条に関わるさまざまな市民運動の教訓に学びながら、『うばわないで！　子ども時代——気晴らし・遊び・文化の権利（子どもの権利条約第31条）』（新日本出版社、２０１２年12月）の出版や、関係者が立ち上げた「子どもと文化のＮＰＯ Ａｒｔ．31」を通じて、条約第31条の普及と深化・具体化のためのブックレット（『ゆっくりしたい！あそびたい‼遊びと文化と自由な時間』NO．０、『「あそび・遊び」は子どもの主食です！』NO．１、『子どもの育ちとあそびの力』NO．２など）を発行し、条約第31条の普及に努めてきた。

これまでの市民ＮＧＯ報告書のポイントが「子ども期の喪失」（第1回）、「子ども期の剥奪」（第２・３回）「子ども期の貧困化」（第４・５回）にあり、最新の国連からの最終所見で「子ども期」「子ども時代」の享受の確保が求められるようになった経過を振り返る時、『うばわないで！　子ども時代――気晴らし・遊び・文化の権利（子どもの権利条約第31条）』は、「子ども期」のあり方をめぐっての先駆的な指摘であったと考えている。

## 4. 条約第31条に対する関心の高まり

２００８年に東京四谷に誕生した「東京おもちゃ美術館」は、２０１９年の9月に子どもの権利条約採択30年、批准25年を記念して、「条約31条の意義を考え直すシンポジウム」を開催した。かつて〝忘れられた条文〟と言われていた31条が、子ども期と子どもの発達保障の焦点に据えられる時代になったことは感慨深いものである。

このシンポジウムでは、子どもの遊びとおもちゃの重要性に関する啓発だけではなく、いまなお原発事故の放射能汚染の後遺症に苦しんでいる福島県飯舘村の子どもの実態や、子どもの貧困対策として全国に広がった「子ども食堂」の現在、難病の子どもの治療にあたる医師の報告があったが、困難を抱える子どもたちにとっても、まさに遊びと文化の保障こそが、子どもの発達と「子ども期」の享受、「子ども時代」の保障にとって重要なポイントになっていることが示された。国連への報告書でとりあげた「災害の下での子ども」が、予期せぬ困難に直面した中で獲得した自由な時間と遊びの中で、子どもらしさを取り戻し、自主的・主体的・集団的に生活文化を創造し、大人をも励まし、コミュニティづくりの重要な構成員であるという教訓も語られた。

子どもの権利条約第31条への関心は、学校教育の内外でも、日に日に高まっている。従来から子どもの遊びを保障してきた児童館や学童保育、放課後子供教室、子ども会・少年団。子どもたちと共に豊かな文化の創造を目指してきた子ども劇場・おやこ劇場、おやこ映画、地域文庫などの子ども文化創造の取り組みにとどまらず、今日では、全国各地にさまざまな運営主体による子どもの遊びと文化活動、遊び場づくり・居場所づくりが展開されている。自治体レベルでの子どもの権利条例の一環として展開されてきた先駆的な川崎市の「子ども夢パーク」の取り組み・世田谷区羽根木のプレーパークに学び、水遊びや火おこし、小屋づくりのできるプレーパークや冒険あそび場の取り組みが進んでいる。さらには路地裏への車乗り入れを禁止し、歩行者天国ならぬ子どもの遊び天国づくりをめざすTOKYO PLAYの試み。まち全体を忍者修行の場として、地域の人々も巻き込んでファンタジー遊びを展開するアフタフ・バーバンの取り組み。ドイツのミニ・ミュンヘンに学び、子ども主体のまちづくりを展開する「こどものまち」づくり。かつて全国津々浦々どこにでもあった駄菓子屋の今日的復活をめざす駄菓子屋楽校のとりくみなど、子どもの遊び心を刺激し、子どもたちが活動の主体として活躍し、イキイキ・わくわく・ハラハラ・どきどき、心を躍らせ、その魂を活性化するアニマシオンの取り組みが広がっている。

こうした子どもの時間、子ども主体の活動の広がりの中では、文字通り子どもが権利の主体として、その知恵と力、意見を出し合い、「力を伸ばすような参加（empowered participation）」（最終所見パラ22）が具体化されている。「子ども期」の保障に向けて、改めて「子どもの遊び」の役割と条約31条の意義をとらえなおすことが必要な時代になっているといえよう。

## 5．子どもの遊びと生活はどう変わってきたか

ところで、日本の子どもの遊びと生活は、いまどうなっているだろうか。この50年における日本の子どもの「遊び」の変容に目を向けると、それは戸外での集団遊びから室内での一人遊びが目立つようになってきたことにその特徴がある。子どもの「遊び」が戸外での集団遊びから室内でゲームを使っての少人数の遊びへと変容し始めた時期、子どもの育ちと環境の変化に関する問題把握の視点としてジャーナリストの上田融が「三つの間（空間・時間・仲間）の喪失」ということを指摘した（『出てこいガキ大将』共同通信社、１９７６年など）。子どもの生活を構成する要素を、空間・時間・仲間の三つの側面（サンマ）から捉える上田の視点は分かりやすいこともあって、その後多くの子どもの調査・研究の視点として活用された。同時期の１９７０年代後半になると、『こどもがダメになりかけている』（八木治郎編著、国際商業出版、１９７８年）、『子どものからだは蝕まれている』（正木健雄他編著、柏樹社、１９７９年）、『子

どもたちの危機』（上田融、民衆社、１９８０年）など、子どもの心身の発達に現れた危機を警告する書物が多数まとめられていたことにも注目しておきたいと思う。またＮＨＫ特集「警告‼こどものからだは蝕まれている！」（１９７８年10月９日）が子どもの生活と発達の在り方への国民的関心を一気に広げた。

子どもの生活史を振り返った時、子どもの生活に劇的な変容をもたらした三つの大きな要因を指摘できる。一つは、１９５０年代後半から60年代にかけての「高度経済成長政策」の時代に進められた産業構造の転換（第1次産業の衰退）にともなう村落共同体の崩壊と都市化の進展である。二つ目には、学校教育への期待にともなう親の教育熱の高まりと学習塾や各種習い事の拡大である。競争主義的な教育政策の推進（例えば「全国一斉学力テスト」の開始と結果の公表など）によってこの流れは加速してきた。三つ目には、テレビの普及から始まる電子メディア・ゲーム機器の普及であり、近年のパソコン・ケータイ・スマホ等のニューメディアの普及へと進化がつづいている。

第1の要因は、子どもの生活から「労働」と「役割」を失わせるとともに、「遊び」における集団および自然とのかかわりを希薄なものとした。第2の要因は、「学習」時間の長時間化とともに、子どもの自由時間の縮小と放課後生活の学校化・教育化をもたらした。第3の要因は、子どもの「遊び」そのものの質を変え、生活のバーチャル化とともに長時間メディア接触、大人が制作したストーリーとファンタジーによる子どもの文化支配をもたらしている。全体として、子どもの日常生活のバランスにゆがみをもたらし、慢性的な疲労感や、いじめや暴力につながる目に見えにくいストレスを鬱積させているといえよう。

## 6. 進む日本の子どもの「孤立」と「劣化」、子ども期の剥奪

野外の溜まり場から消えた子どもたちは、今どこにいるのだろうか。都市部の子どもたちだけでなく自然があふれる農山村部の子どもたちも、いま、自由になる時間の大半を、屋内で、電子映像メディアと向き合って過ごしている。こうした状況の出現は、テレビゲームが発売された1983年以降に加速され、1990年代の携帯型ゲーム機とパソコンの普及、とりわけ2000年代に入ってからのPC、タブレット、スマホの普及は、日本の子どもたちのメディア接触時間を大幅に肥大化させ、コミュニケーションの形態を根本的に変えている。『ルポ　子どもの無縁社会』（石川結貴、中公新書ラクレ、2011年）の著者は、大人も子どもも「ネットで出会い、リアルで孤立する」時代に入ったと表現しているが、インターネットに引き込まれたことによるネットいじめや性的搾取などの被害も拡大している。

長年、NHK放送文化研究所で電子映像メディアが子どもの発達にもたらす影響について調査・研究してきた清川輝基は、日本の子どもたちは「人類史上かつてなかった『人体実験』」的環境の中に投げ込まれており、その結果「子どもや若者の多面的な発達不全＝『劣化』がはじまった」と警鐘を発している（清川輝基・内海裕美『「メディア漬け」で壊れる子どもたち』少年写真新聞社、2009年）。

清川が指摘する「劣化」の実相は、①足や筋肉の劣化、②視力の劣化、③自律神経の劣化（血圧調整不良、低体温など）、④五感の中でも触覚、嗅覚、味覚などの劣化など多方面にわたって現れており、中でも特に、⑤コミュニケーション能力に著しい劣化が現れているという。メディア環境に取り囲まれている

今日の子どもたちの生活がもたらす発達のゆがみへの注目は重要な課題であり、この点こそまさに国連への市民ＮＧＯ報告と国連からの勧告が焦点化した「子ども期の貧困」の問題といえる。

## 7．経済的な貧困・文化的な貧困からの脱却にむけて

１９７０年代から80年代にかけて、日本社会は大きな経済発展を遂げ、「一億総中流」や「世界第２の経済大国」と言われて国民総生産が右肩上がりで伸びてゆく時代であった。しかしその後直面した経済危機と「失われた10年」といわれる不況の中で、２０００年代に入ると「子どもの貧困」（２００８年が「〈子どもの貧困〉発見元年」といわれる。山野良一著『子どもの最貧国・日本』光文社新書、２００８年）が大きな社会問題になった。現在もいまだ子どもの貧困を克服できず、新たな地域運動としての「こども食堂」が全国的に大きな広がりを見せている時代である。地域社会のなかに子どもからお年寄りまで、「貧しさの風景」とともに「寂しさの風景」のひろがりが目に見える時代になっている。

いま大きな社会問題となっている「児童虐待」と「虐待死」をめぐる事件の続発は、貧しさ・寂しさの風景の象徴である。密室化する家庭での児童虐待やＤＶの背景には、産業化社会と急激な都市化のもとでの地域社会の解体と家族の紐帯《ちゅうたい》の断絶があり、「地域社会の無縁化」「家族の多様化」「家庭の密室化」を生み出してきた。特に１９８０年代後半以降、日本社会の家庭機能は、構造的不況を背景に「自己責任」、「受益者負担」を原理とする新自由主義的改革のもとで、一段と深刻さを増した。子育ての分野をみると、

「民営化」の名のもとに子育てを支える公的支援が後退して、企業化・営利化が進んだことにより、子育て支援が商品やサービスとして提供されることで、子育ての私事化が強まった。地域社会・コミュニティの衰弱と人間関係の分断とあいまって、子育て機能の共同性・協同性が崩壊させられている。

一連の新自由主義的改革によって顕著になった貧困問題が、家庭の子育て力・養育力の衰弱をより一層深刻にしている。日本の子どもの相対的貧困率が１９９０年代半ばより上昇傾向をたどり、２０１２年の調査では過去最悪の16・３％になり、社会問題化した。２０１３年に「子どもの貧困対策の推進に関する法律」が成立したものの、日本の子どもの貧困率は現在もなお高い水準にあり、17歳以下の子どもの約７人に１人が経済的に困難な状況にある。

こうした貧困が家族と家庭生活に与える影響は根深いものがあり、経済的貧困とそれにともなう人間関係の貧困が、児童虐待や育児放棄・ネグレクトなどを生み出し、「子どもらしい生活」と「子ども期」を剥奪しているのである。孤立した子育て・密室化した子育ての脆弱性と危険性を回避するためには、親子ともども、遊びや生活を通してのつながりと支え合い、子育ての共同化による新しいつながりの構築、新しいヒューマンネットワークの創造が求められている時代である。

子どもの権利条約と国連勧告（「最終所見」）は、ヒューマンネットワークづくりへの重要な指針を提起していると言えるだろう。

# 三．余暇（気晴らし）・遊びと子どもの権利条約第31条

## ――子どもの成長・発達にとっての意味を考える

### 1．遊びは「あほみたい」なことなのか

2018年3月に東京都目黒区で、5歳の女児（船戸結愛ちゃん）が、父親の虐待によって死亡し、大きな社会問題になった。

父親は「しつけ・教育」と称して、5歳の結愛ちゃんに早朝からひらがなの練習を強制し、その「約束」を守れないと折檻・虐待していたとのことだが、死亡した結愛ちゃんはノートに「……もうおねがいゆるして　ゆるしてください……ほんとうにもうおなじことはしません　ゆるして……これまでどれだけあほみたいにあそんだか　あそぶってあほみたいだからやめる　もうぜったいやらないからね　ぜったいやくそくします……」と書き残していたと報道されている。

父親の命令を守れなかった5歳の幼女が、その反省文に記した「あそぶってあほみたい」という記述は、父親の価値観による支配の反映だと思われるが、「あそび」の価値を認めない父親の態度は、決して他人

事ではなく多くの日本人と日本社会に通底するものではないか。したがって、「あそび」の価値の検討は、日本社会における子どもの生活と発達にとっての、子どもの人権保障にとっての重要課題であると思う。

「あそび」が子どもにとっての基本的権利であることについては、「子どもの権利条約」の第31条に明確に規定されている。そこには「締約国は、休息及び余暇についての児童の権利並びに児童がその年齢に適した遊び及びレクリエーションの活動を行い並びに文化的な生活及び芸術に自由に参加する権利を認める。」（日本政府訳）と書かれており、子どもにとっては学習と教育への権利（第28条、29条）とともに、休息・余暇、遊び、文化的生活・芸術への参加の権利が不可欠であることが明記されている。

子どもに関する我が国の国内法のどこにも見当たらない「休息・余暇権」、「遊び・レクリエーション権」、「文化的生活・芸術への参加権」を規定したこの条文は、いま日本の子どもたちに健康な成長・発達を保障する生活のあり方・ライフバランスの取り戻しに向けての原則的視点を提供しているが、[7] この条文の意義については必ずしも注目されておらず〝忘れ去られた条文〟とさえ評されている。[8]

## 2. 余暇・自由時間・気晴らし

### （1）誤解されている「余暇」の概念

現代日本社会を生きる親や教師にとって、「休息権・余暇権」の理解が、とりわけ「余暇」概念の理解が進んでいない。大人自身の生活の中に「余暇」が成立しておらず、大人自身が「余暇」を獲得していないために、「子どもにとって余暇とはなにか」と問われても、正確なイメージができないでいる。日本人の多くは「余暇＝休暇をとってレジャーをすること」というような理解のレベルにある。辞書を引くと、日本語の余暇に当たる英語は、leisure と出てくるので、余暇とはレジャーの時間なのだと理解されても仕方ない。しかし、英語の leisure の本来の意味と、日本語で使われている「レジャー」は全く違うものである。たとえば、久しぶりに休暇がとれたので海外旅行に行ってレジャーを楽しんできたという場合、それは観光産業が作ったプランやプログラムに乗せられて、忙しく動き回って、金銭や時間を消費して楽しんでくることであり、それは余暇の過ごし方のひとつの形ではあっても、余暇の本質ではない。

### （2）「余暇」とは何かをめぐって

余暇とは何か、ここでは、それを分かりやすく理解するために、とりあえず「余暇とは自由時間のことである」としておこう。自由時間とは、第1にその時間をどのように使うかは本人にまかされた時間のことであり、第2にその時間を使って行うことに対して、他者からその価値や意味を問われない時間のことである。

自由時間を、本人の意思で使うわけであるから、①好きな学習をしたり、習い事やスポーツや旅をしたりすること、②読書や音楽・芸術、栽培や飼育などの趣味の時間を過ごすこと、③ボランティア活動などに打ち込み、社会や人に役立つことをすること、④娯楽やゲームや遊びの時間を楽しむこと、⑤のんびり、ぶらぶらして、息抜きや気晴らしをすること、⑥ただなんとなくボーと時間を過ごして暇つぶしすることなど、いろいろな過ごし方がある。同じ自由時間の過ごし方でも、①②③と⑤⑥とでは、ずいぶん違いがあるので、毎日忙しく勤勉に働いている親や教師にとっては、前者は認めることができても後者の過ごし方は、とても認めることができ難いと思う。〈時は金なり〉という人生訓を、絶対的な価値として生きている人から見れば、時間を無駄にすることは、不道徳極まりないこととみなされるに違いない。

フランスのJ・デュマズディエの余暇論[9]によれば、人間の活動は、①経済的必要、②家庭的・社会的義務、③余暇からなり、余暇は①②と並ぶ独自の積極的価値を持っており、「個人が職場や家庭、社会から課せられた義務から解放されたときに、休息のため、気晴らしのため、あるいは利得とは無関係な知識や能力の養成、自発的な社会参加、自由な創造力の発揮のために、まったく随意に行なう活動の総体である[10]」と把握されている。

余暇=自由時間の本来の意味の中には、気晴らしの時間を認めることも含まれていることを理解しておかねばならない。

### （3）〈気晴らし〉の権利に注目すること

自分の自由時間をどのようにすごすか、「価値を問われない時間」を大切にすべきであるという根拠を、私は〈気晴らしの権利〉の保障という言葉で特徴づけたいと思っている。

条約第31条の日本語訳で「余暇」と訳されているのは、国連で採択された6か国（英・仏・西・露・中・アラビア）語正文のうち、英語の正文にある leisure やフランス語の loisir であるが、日本人にとっては余暇概念がいまだに曖昧であるので、「余暇」の語をあてるのは適訳とは言えない。何度も紹介してきたことであるが、最も分かりやすいのはスペイン語正文である。スペイン語には、英語の leisure にあたる言葉として ocio（余暇―無為・すき間）や diversión（楽しみ・娯楽）という言葉があるのだが、それらの言葉を充てずに esparcimiento（気晴らし―くつろぎ・暇つぶし）を充てている。子どもの権利としての余暇の本質は〈気晴らし〉であり、それは「楽しみ」「娯楽」よりももっと基本的な「暇つぶし」にあるという。子どもにも〈気晴らしの権利〉を保障しようというのが子どもの権利条約の精神なのである。

## 3. 急かされる時間・「子ども期」の喪失

今から半世紀近く前、ミヒャエル・エンデは『モモ』（大島かおり訳、岩波書店、1976年）のなかで、日に日に貧しくなる現代人の生活に対して鋭い警鐘を発していた。

時間は貴重だ―むだにするな！　時は金なり―節約せよ！　の標語が工場や会社に掲げられているだけでなく医者の診察室にも学校や幼稚園にも張り出され、だれ一人この標語から逃れらなくなっている。さらにエンデは言う。「彼らは余暇の時間でさえ、すこしのむだもなく使わなくてはと考えました。ですからその時間のうちにできるだけたくさんの娯楽をつめこもうと、もうやたらにせわしなく遊ぶのです」と。『モモ』の出版から40年以上たった現在、わたしたちの生活と時間の感覚は当時と比べても比較にならないほど、気ぜわしく、慌ただしいものになっている。無駄な時間を過ごすことなく、絶えず意味や価値を生む時間の過ごし方を強いられ、時代の変化のスピード（時間の速さ）に素早く対応し、乗り遅れまいと急き立てられている。現代は、〈将来〉にそなえた行動・活動をすることに〈現在・いま〉を費やすことが求められ、進学のための準備、就職のための準備、老後のための準備と、つねに「準備することに人生の価値」を見出させられる時代になっている（内山節『子どもたちの時間』岩波書店、1996年）。

子どもたちは、目の前の遊びに夢中になり没頭することができず、つねに将来の準備のための宿題や塾通いに時間が奪われている。今という時間を充実して生きることができないのは、主体的な生活の貧困であり、それは同時に「子ども時代」「子ども期」の喪失でもあるのだ。

子どもの遊びの大切さは、いま目の前の面白さ・楽しさ・心地よさに夢中になり、我を忘れて没頭することが出来ることにある。子ども期にたっぷりと遊び切る・遊び込む時間を保障したい。山下雅彦さんは、湯川千恵子の少女時代の絵日記『おてんばちいちゃんの夏休み——こども土佐絵日記』（冨山房インターナショナル、2016年）やアストリッド・リンドグレーンの『遊んで遊んで——リンドグレーンの子ども時代』（石井登志子訳・岩波書店、2007年）を紹介しながら〝死ぬほど遊んだ〟子ども時代が「人生を切り拓く源泉になっていることを確信させます」と指摘している[11]が、その指摘は非常に重要である。

山下さんの指摘を、石井桃子さんの「子どもたちへのメッセージ」（2001年7月18日）とつないで考えると、子ども時代の遊びの楽しい体験がいかに大切なものかよく分かる。

子どもたちよ
子ども時代を　しっかりと
たのしんで　ください。
おとなになってから
老人に　なってから
あなたを　支えてくれる　のは
子ども時代の「あなた」です。

## 4．条約第31条とジェネラルコメント第17号

時間割通りに運営される学校生活にとどまらず、放課後の生活も、家庭の生活さえもますますせわしなく忙しくなっていないだろうか。管理された時間、急かされた時間の中では生活づくり・自分づくりはできない。自らの時間を奪われ、生活そのものが貧しくなっているのは、親も教師も同じである。子どもより以上に大人そのものの生活と自分喪失の問題を問い直さねばならないのではないか。

親子ともども生活の中でのストレスが高まっている時代、子どもの健康な育ちにとって必要なのは、「のんびりする時間」や「気晴らしの時間」であり、大人によって価値づけられない時間の保障である。

国連子どもの権利委員会が２０１３年に条約31条をどう理解すべきかを詳細に解説したジェネラルコメント第17号を発表している。そこには「子どもたちには、おとなによって決定・管理されない時間といかなる要求も受けない時間――子どもが望むのであれば基本的には『何もしない』時間――をもつ権利がある」と書かれている。[12]

ジェネラルコメント第17号には「遊びが子ども時代の喜びの基本的かつ不可欠な（生死にかかわるほどの）側面であり、かつ身体的、社会的、思考的、情緒的および精神的発達に不可欠な要素である」にもかかわらず、「世界の多くの地域では、正規の学業面での成功が重視される結果として第31条に基づく諸権利を否定される子どもたちが多い。」として、「成績に関する圧力」を加えることへの批判がなされている。また、さらに進んで第17号は、「すべてのプログラム化された活動または競争的活動に向けることは、子どもの身体的、情緒的、認知的および社会的ウェルビーイングを損なう可能性がある」として、活動のプログラム化と競争的活動の組織化への危惧が示されていることにも注目しておきたい。

## 5．子どもにとって「あそび・遊び」とは何か

次に、子どもにとって「遊び」とは何かを考えてみよう。まず最初に注目すべきポイントとして、私は「遊び」と「あそび」の用語を区別し、その違いと関連について考察する必要があると考えている。「遊び」については、子どもたちが日々営んでいる遊び活動のことであるから、説明の必要はないと思うが、

「あそび」については、先の「余暇」の理解とも関連するので、注意が必要である。

すでに紹介したが条約第31条には、「休息・余暇の権利」「文化的生活・芸術への参加の権利」とならんで「遊び・レクリエーションの権利」が規定されている。ここで指摘しておきたいのは、第31条における「遊び」の権利規定が、「休息・余暇の権利」と「文化的生活・芸術への参加権」とセットで捉えられている点にある。特に、「遊び」の権利の前に「休息・余暇の権利」が書き込まれていることの意味に注目しておきたいと思う。子どもたちが伸び伸びと「遊び（活動）」を展開するには、ゆったりした休み時間や無駄に見える気晴らしの時間が保障されていなければならないということである。子どもの主体的な「遊び」は、「休息・余暇（あそび）」がなければ成り立たないからである。

日本語には「ゆとり」が生活にとって不可欠であることを示す「あそび」や「にげ」という言葉がある。自動車のハンドルやクラッチを動かした場合、手足の動きが直接伝わる前の幾分かのゆとりがある部分を「あそび」といい、機械仕掛けにはどこかに必ず「にげ」をつくっておかねばならないといわれる。[13] これらの機能は一見無駄のように見えるが、この「あそび」や「にげ」があるからこそ運動がスムーズになり、安全な操作にとっては不可欠の機能なのである。

人間の生活にも「あそび」や「にげ」の部分が必要であり、親や教師の生活にも「ゆとり」「にげ」場が不可欠であり、特に子どもにとってはその時間の保障こそが生命線である。すべての行動が無駄なく機能させられたのでは息苦しくなってしまい、それは健康な生活を維持していく上で危険である。休息や余暇の時間が与えられないための過労死、「生真面目」に働いている人が挫折してしまうバーンアウトも、生活に「あそび」や「にげ」場がないからである。子どもの生活も、成長・発達のために意味ある時間ばかりが詰め込まれると危険であり、「あそび」や「にげ」の部分が必要なのである。そして子どもの「遊び（活動）」も、「あそび」が保障されていなければ本物にならない。「あそび」の時間は「あほなこと」では決してない。また「遊び」は勉強の効率を高めるための手段・副食ではない。「あそび・遊び」は子どもの成長・発達にとって不可欠な主食なのである。[14]

「あそび」が保障されない中で、「遊び」を成立させようとすると、子どもたちのテンポで話し合いをしたり、計画を立てたりすることをもどかしく感じて、結局大人がお膳立てをして「遊ばせる」ということになる。よく耳にすることだが、先生や指導員が準備した「遊び」の時間が終わった後に、子どもたちから「これから自由に遊んでいいですか」「じゃ、これからみんなで遊ぼうぜ」という言葉が飛び出すのはそのためである。それまでの遊びは、上手に遊ばされていたのであって、自ら遊んでいなかったからである。

いま日本の子どもたちが求めているのは与えられた「遊び（活動）」プログラムだけではなく、「あそび」の中から自分たちで取り組む「遊び」である。そこには、子どもが創り出す「名もない遊び」がたくさん生み出されていることを見落としてはならない。「遊び」の権利は、「あそび」が保障されてこそ成立するものだということを、改めて強調しておきたい。

## 6. 気晴らし・あそび・ゆとりが生み出す〈想像力〉への注目を

社会を創造的に発展させるために、子どもたちが豊かな想像力を持った人間に育っていくことが必要だが、教科書を厚くして授業時間を増やすだけでは、子どもの想像力や実践能力を高めることは出来ない。そもそも、想像力が育つプロセスには次の二つの筋道があると考えられる。

一つは、学校教育における各教科の系統的な学習を通じて、知識や技術を体系的に習得していくことによって、新たな課題、未知なる課題に対して論理的に迫っていくこと、すなわち推理力を高めていくことである。もう一つは、生活のなかでの自由な時間やさまざまな体験を通して、自然や文化や芸術への興味や関心を高め、生まれ出るひらめきによって直感的・感性的に未知なる世界に飛躍すること、すなわち発想力・空想力を大切にすることである。

こころみに、前者を「〈はげみ〉から生まれる想像力」と名づけ、後者を「〈ゆとり〉から生まれる想像力」と名づければ、いま日本社会では、前者の筋道が重視されてそのための時間が長くなる一方で、後者の重要性が見失われている。一見無駄に見えるような、のんびり、ぶらぶら、ぼんやりと過ごす時間の中にも想像力が醸し出される源泉があることに注目すべきである。

朝日新聞社の論説委員だった辰濃和男の著書『ぼんやりの時間』（岩波新書、２０１０年）は、じつに興味深い指摘で溢《あふ》れている。「系統だった理詰めの頭のはたらきではなくて、自由に脳を解放させ、感覚のおもむくままにさせておく。そういう時間は、存外大事なのではないか。」「一見むだに見える時間のなかに、実は大切な役割をはたしているものがたくさんある。街をぶらつく。夕焼けをながめる。虫の声を聞く。雲をみる。星を仰ぐ。雑談をする。そういうむだに見える時間を重ねるところに、生活の厚みとか深みとか、そういうものが育ってくるのではないか。たくさんの無駄の集積こそが、実は、暮らしをゆたかにする潜在的な力をもっているのではないか。」という辰濃の指摘は、子どものみならず親や教師への鋭い問いかけであろう。

## 7．アニマシオンによって子どもは育つ

遊びへの注目は、「労働」や「学習」からの解放のために「遊び」が必要なのではなく、「遊び」それ自体の中に〈歓び・面白さ・楽しさ〉を求めていることを承認することが重要である。「遊び」の本質は、面白いこと・楽しいこと、すなわち精神的な躍動（魂の活性化）が人間としての輝きを生み出し、生きる力を発展させるということにある。

この魂（アニマ）の活性化に関して、ヨーロッパには「アニマシオン」（animation, animación, animazione）という概念がある。アニマシオンとは、「魂＝アニマ」が、生き生きと躍動し活性化することを言う。知識・技術を教え・学ぶエデュケーションとは違って、イキイキ（ウキウキ・ワクワク・ハラハラ・ドキドキ）する魂の躍動をアニマシオンと呼んでいる。

日本社会では、子どもが育つ上で最も重要なものはエデュケーション（教育）であると考えられ、大人

たちが「教え」、子どもたちが「学ぶ」という関係の中で「育つ（発達する）」が起こると信じられている。しかし実際は、エデュケーションの機能さえも、子どもの精神が自由闊達に動くアニマシオンの営みを抜きにしては、子どもを育てる力にはなり得ない。アニマシオンこそが、子どもの体・心・頭の全体を総合的・統一的に育てていく基本的な営みである。遊びはアニマシオンそのものである。だから遊びの権利は子どもの発達保障・子ども期の保障にとっての基底的な権利なのである。

子どもの権利条約に関する履行義務の審査を通じて、国連子どもの権利委員会が出している日本政府に対する勧告を思い起こしておきたい。

第1回審査後の勧告（1998年6月）には、日本の子どもたちが高度に競争的な教育制度によるストレスを抱えさせられているとともに、休息・余暇の欠如が日本の子どもたちの発達のゆがみの原因になっていることへの懸念が表明されていた。第2回の勧告（2004年1月）では、条約31条についての指摘はなされなかったが、第3回審査後の勧告（2010年6月）において「本委員会は、子どもの休息、余暇および文化的活動に関する権利について締約国政府の注意を喚起する」として「公的場所、学校、子どもに関わる施設および家庭における、子どもの遊びの時間およびその他の自発的に組織された活動を促進し、容易にする先導的取り組みを支援すること」が勧告されていた。このような流れを受けて、第4・5回審査後の最新の勧告（2019年3月）では、31条問題への指摘はさらに具体的になっていることを知っておきたい。「休息、余暇、遊び、レクリエーション活動、および芸術に関する子どもの権利に関する一般的注釈第17号（2013年）に基づき、本委員会は、十分かつ持続的な資源を伴った遊びと余暇に関する政策を策定、実施すること、および、余暇と自由な遊びに関する子どもの権利、および子どもの年齢にふさわしい遊びとレクリエーション活動を行う子どもの権利を確保するための努力を強化すること」が勧告されている。[15]

31条に関する国連勧告を真剣に受け止めるとともに、日本政府には「持続的な資源を伴った遊びと余暇に関する政策の策定・実施」が求められているのである。

# 四．子どもの権利条約を読み深める

## ――「声なきこえ」を聴き「なにげない時間」・「名もない遊び」をも見守るゆとりを

### 1．子どもにとって「一番いいこと」を考えあうこと

子どもの権利条約の精神の核心はどこにあるのかを突き詰めて考えた場合、それは子どもが親や教師に従属する存在ではなく、ましてや国家による教育の支配下にあるのではなく、一人の人間、人格の主体として尊重されること、生活と人生の主人公であり、幼いながらも社会の重要な構成員であるととらえる「子ども観」にある。子どもたちが、現在と未来の社会の担い手として成長・発達していくためには、豊かな「子ども時代」「子ども期」を確保し、《子どもの最善の利益》（条約第3条）が保障されねばならないということである。

《子どもの最善の利益》を考えるということは、大人と社会の側が、子どもにとって「一番いいこと」を考えあうということである。「一番いいこと」を考えあうレベルは、国家・社会の子どもに関する法・制度・政策においても、地域社会の市民生活においても、学校や保育所・学童保育における教育や保育にお

いても、はたまた家庭生活においても、常に貫かれねばならない条約の大原則なのだ。

実践的諸活動にひきつけてみれば、年間計画、行事予定、日々の活動プログラムの立案の際にも、それらの実行の過程でも、順調に進んでいる時も、トラブルが発生した時にも、つねに立ち返るべき原点は、「子どもにとって『一番いいこと』は何だろうか」ということを、職員集団で、さらには保護者と行政担当者も含めて、大人たちが頭を寄せ合って考えあうことにある。そこから「何か」いい知恵が出て来るかもしれないからである。

## 2. 子どもたちの声を聴かねば本当のことは分からない

しかし、大人たちがどんなに知恵を絞っても「子どもにとって『一番いいこと』」が何かは分からない。大人はそれぞれの経験と立場から、〝これが一番いいことだ〟と思うことをしてやろうとしているのであって、それが子どもが本当に求めていること・願っていることであるかどうかは分からない。多くの場合、大人の考えが子どもの求めているものとはズレていたり、大人の側の期待と善意の押し付けであったり、勘違いしていることが多い。ではどうしたらよいのか、その点について子どもの権利条約は、次のように教えてくれている。

「子どもにとって『一番いいこと』」をつかむためには、何よりも子どもたちの生の声を聴くことが必要なのだと（条約第12条）。子どもの権利条約における「子どもの意見表明権」の保障がなぜ重要な権利であるかといえば、それは「子どもにとって『一番いいこと』」をつかみ、豊かな「子ども時代」「子ども期」を実現するために不可欠だからである。

たとえば、この間のコロナ問題の中でも、子どもにとって「一番いいことは何か」が問われてきた。コロナ感染を避けるために、学校を休校にする、3密を避けることなどを、大人が決めて一方的に子どもの生活と行動が制限された。卒業式も入学式もなくなり、楽しみにしていた様々な行事やクラブ活動が中止された。どのようにしたらコロナに感染せずに活動ができるのか、子どもの声を聴き、一緒になって考える機会は作られなかった。そして今は、休校中の学習の遅れを取り戻すために、「授業時間の確保」が至上命題となり、今度もまた子どもたちの声は無視されている。コロナ禍の中で、子どもたちが本当に求めているものは何かが聴かれないまま、子ども施策が進められている。

## 3．「声なきこえ」に耳を澄ますこと――子どもの意見表明は言葉だけではない

子どもの〈意見表明〉というと、子どもたちが自らの思いや願い、不満や希望を「言葉」で述べる・主張することのように理解されがちだが、子どもたちの思いや願い、不満や希望は、必ずしも言語化されないことのほうが多い。小学校の3・4年生くらいの一定の年齢に達したら、明確な意思に基づいて「言葉」によって表現・主張できるようになってもらいたいものだが、なかなか思うようにはいかない。特に自己表現やコミュニケーション能力が育ちそびれている子どもたちの場合、言葉による表現は苦手であり、

時に暴言や乱暴な発言・行為となりやすい。

　国連子どもの権利委員会は、この条約を批准した各国政府とのやりとり（5年に一度の政府報告書の審査および勧告の発表）を通じて得た知見をもとに、２００１年から条約の主要条文をどう解釈すべきかについて「ジェネラルコメント（一般的意見・概括的解説）」を発表している。２００５年の「乳幼児期における子どもの権利」（ジェネラルコメント第7号）および２００９年に出された第12号（「意見を聴かれる権利」）の中では、「たとえ生まれたばかりの子どもであっても、自己の見解を表明する資格をもつ」ことと「話し言葉および書き言葉を通じてコミュニケーションができるようになるずっと以前から、選択をし、さまざまな方法で、自分の感情、考えおよび希望をコミュニケートしている」ことに注目すべきだと指摘している。「自己の意見を聴いてもらう権利」は障害のある子どもにも、住んでいる国の言語を話せないマイノリティ、先住民、移民、難民にも及ぶことの指摘もあり、たとえ言語で自らを表現できない子どもであっても、「遊び、身振り、表情」などの非言語的コミュニケーションの形態が尊重され、こうした子どもたちの「意見表明の権利」が尊重されるべきであるとの見解が述べられている。それらを私は「声なきこえ」を聴くことの大切さと呼びたいと思う。

　ジェネラルコメント第7号には、さまざまな形での子どもの意見表明を受け止めるには、大人に対して「子どもの関心、子どもの理解力、および、好ましいコミュニケーションの方法を考慮しながら、忍耐し、かつ、想像力を働かせること」が喚起されている。子どもが様々な形で表現・表出している「意見表明」を受け止めるには、子どもを深く理解するための忍耐力と想像力が大人の側に求められているのである。

## 4. 大切にされるべきは「意見」というより「感じ方・とらえ方・考え方」

「子どもの権利条約」には、第3条の「最善の利益」が考慮される権利、第6条「生存と発達の権利」、12条の「子どもの意見表明の権利」をはじめ、子どもを「人として尊ぶ」ために不可欠な〈子どもの権利〉が体系的に書かれている。

最も注目されてきた第12条には、「自己の意見を形成する能力のある児童がその児童に影響を及ぼすすべての事項について自由に自己の意見を表明する権利を確保する」（日本政府訳）と訳されている。政府訳では「自己の意見」、国際教育法研究会訳では「自己の見解」となっているが、言葉を身につけていない赤ちゃんを考えた場合、「自己の見解」「自己の意見」という訳は的確ではないと考える。英文の条約では「見解」「意見」に当たる言葉に「opinions」ではなく、「views」を使用していることに注目すれば、言葉で「見解」「意見」をまとめる力のない赤ん坊や障害児も含めて、すべての子どもの「感じ方・とらえ方」「声なき声」に注意深く耳を傾け、細かに目を配っていくことの必要性を求めていると解釈するほうが、この条約の基本原則である「ベスト・インタレスト（最善の利益）」（第3条）にかなうことではないだろうか。

子どもの権利条約の成立に大きな影響を与えたといわれるポーランドの小児科医・作家ヤヌシュ・コルチャックは、子どもの特徴について「子どもは感性で思考する」と指摘していたが、子どもたちの感性的認識・表現を大切にするならば、言葉による「意見」「見解」の表明だけでなく、子どもの「感じ方・とらえ方」にこそ注目すべきだろう。

## 5. 「名もない遊び」「なにげない時間」を大切にすること

「子どもの声を聴くことの大切さ」は、子どもの遊びや行事を計画するときにも顔を見せる。指導員が一生懸命工夫をして準備した活動に、子どもたちが乗ってこない。楽しく遊んでいるように見えたのに、遊び活動が終わったとたんに「これから俺たちで自由に遊ぼうぜ」という声がでるのも、「遊び」活動が子どもたちが求めている遊びではなく、子どもの遊び心から離れた「遊ばされ活動」になっているからであろう。じゃあ子どもたちはどうするのか、その姿を見ていると、ただひたすら庭に穴を掘り続けていたり、床板の隙間に詰まったゴミを夢中で掘り出していたり、そのどこが面白いのというようなことに、夢中になるような「名もない遊び」がたくさんある。

子どもの「遊び」には「遊興《あそび》」「悪戯《あそび》」と書く表現もあるように、大人が用意する名前のついている遊びだけではなく、「遊興」や「悪戯」も含めて「名もない遊び」がいっぱいある。子どもたちが発見し創り出した「名もない遊び」を面白がって見守り、一緒に楽しむゆとりが必要なのではないか。

生活の隅々まで競争原理が持ち込まれた現代社会は、働かされすぎの時代であり、慌ただしく急かされる毎日であり、人間関係の中にストレスが溜まる社会である。そうした生活に巻き込まれている親や教師は、どうしても子どもたちに対する姿勢が「急いで～しなさい」「早く～しなさい」「ちゃんと～しなさい」となり、子どもたちがのんびり・ぶらぶらしている時間やその姿を許すことが出来ない。体を休め、気持ちを晴らし、心を癒やすことが不可欠な時代であり、それは子どもたちにとっても必要なことである。

親子ともども生活の中でのストレスが高まっている時代、子どもの健康な育ちにとって必要なのは、「のんびりする時間」や「気晴らしの時間」であり、大人によって価値づけられない「どうでもよい時間」の保障である。国連子どもの権利条約には、その第31条に「休息・余暇、遊び・レクリエーション、文化的生活・芸術への参加の権利」が明記されている。国連子どもの権利委員会が２０１３年に条約31条を詳細に解説したジェネラルコメント第17号を発表しているが、そこには「子どもたちには、おとなによって決定・管理されない時間といかなる要求も受けない時間―子どもが望むのであれば基本的には『何もしない』時間―をもつ権利がある」と書かれている。

親や教師は、「子どものために」「わが子の将来のために」と考えて、なるべく無駄な時間をなくして、次々に意味のある学びや遊び活動をやらせようとしがちだが、子どもには、「『何もしないこと』をする時間、」「他者からその意味や価値を問われない時間」(「子どもの時間」)をもつ権利があることを銘記すべきである。

勉強や遊びやスポーツなどのように目的のある活動時間だけではなく、目的が見えない・目的が定まらない「なにげない時間」を保障することも必要ではないか。親や教師が子どもの権利を深く理解しなければ、「なにげない時間」「子どもの時間」は保障されない。ストレスフルな現代社会では、日々の生活の中に「なにげない時間」がないと、子どもの育ちは、心も体も健康なものにはならないと思う。

## 6.「子どもの仲間」づくりを地域にも広げる

条約31条に関するジェネラルコメントは、「他の関連の権利とのつながり」として、第3条、第6条、第12条と同時に、第13条（表現・情報の自由）および第15条（結社・集会の自由）等についても言及している。中でも注目しておきたいのは、「結社の自由は、第31条にもとづく諸権利の不可欠の側面である」として、「子どもたちは共同して、おとなと子どもとの関係ではめったに実現されることのない諸形態の想像遊びを生みだす」ことを重視するとともに、「子どもたちがコミュニティレベルで仲間たちと自由に集まれるようにするための機会を促進しなければならない」と指摘している点である。

施設でも学校でも子どもの集団は、そのきっかけは大人の都合によって集められた集団、与えられた集団であり、子どもが「居させられている場所」である。したがってそれらの場を、真に子ども自身が必要とする集団、子どもたち自身が主人公の集団に変え、「子どもの居場所」にしていくことが中心的な実践課題である。「あそび」を重視した「遊び」活動を通じて、子どもたちの主体性と仲間意識を育てることにより、「子ども自身の居場所」になっていく。施設における子どもの仲間意識が、地域コミュニティにおける子どもの仲間づくり、生活づくりへと発展し、「子どもにやさしいまち」づくり（ユニセフが展開している国際戦略）に寄与することが期待されている。

（第三章の注）

1 『子どもにどんな地球を残しますか』国連児童基金・国連環境計画著、高榎堯訳、福武書店、１９９１年３月。

2 子どもの権利条約市民・ＮＧＯの会編『国連子どもの権利委員会日本政府第４・５回統合報告審査　最終所見　翻訳と解説』２０１９年３月。

3 子どもの権利条約総合研究所編『子どもの権利広報ガイドブック』（『子どもの権利研究』24号）。２０１４年３月。

4 インタビュー前川喜平さん『子ども白書２０１９』日本子どもを守る会編、かもがわ出版、２０１９年８月。

5 「学童保育情報２０１８―２０１９」全国学童保育連絡協議会編、２０１９年10月。

6 前掲注２と同じ。

7 増山均『余暇・遊び・文化の権利と子どもの自由世界』青鞜社、２００４年11月。

8 増山均・齋藤史夫編著『うばわないで！　子ども時代』新日本出版社、２０１２年12月、１６０頁。

9 中島巌訳『余暇文明へ向かって』東京創元社、１９７２年。

10 前掲書　19頁。

11 山下雅彦「〈遊び〉と〈文化〉が子ども時代を豊かにする――子ども観の転換を」『子どものしあわせ』２０２１年８月号。

12 平野裕二の子どもの権利・国際情報サイト／一般的意見17。https://w.atwiki.jp/childrights/pages/32.html

13 東京大学公開講座49『ゆとり』東京大学出版会、１９８９年７月、２４２頁。

14 増山均『「あそび・遊び」は子どもの主食です！』Ａｒｔ．31、２０１７年12月。

15 前掲注２と同じ。

# 第4章
# 現代社会における子どもの生活背景と社会参加

# 一．失われる地域・多様化する家族とヒューマン・ネットワークの創造

## 1．キーワードとしての「家族」

是枝裕和監督の「万引き家族」が、カンヌ国際映画祭でパルムドールを受賞して話題をよんだ。犯罪でしかつながれなかった人々を通じて「家族のつながりとは何か」を問い、万引き家族の中で生きる少年の複雑なこころの成長が描かれていた。他方、山田洋次監督の映画「家族はつらいよ」もシリーズ化して好評を博している。Ｐａｒｔ・Ⅲ「妻よ薔薇のように」では、うたた寝中に空き巣に入られた妻に対して「俺が必死に働いている間にお前は優雅に居眠りか」という亭主の叱責により家出する妻（専業主婦）と家族の騒動を描いた作品だが、揺らぎ・多様化する「家族」が抱える問題は、現代の社会問題を見つめる上での重要なキーワードの一つになっている。

現代の家族は、高齢者世帯、1人暮らし、シングルペアレント世帯が増加し、テレビの人気番組が描く三世代同居「家族」イメージ（サザエさんやちびまる子ちゃんのような）は消えゆき、他方、事実婚カッ

プル、同性カップルなども含めて「家族」形態の多様化が急速に進行しており、ひょっとすると日本のどこかに実際に「万引き家族」が存在しているかもしれないとすら思い描ける状況にある。

## 2. 崩れる「地域」、揺らぐ「家族・家庭」

産業化社会の進展にともない、伝統的な地域共同体と家族の紐帯《ちゅうたい》が弛緩《しかん》して、人と人のかかわり・つながりがますます希薄になってきた。２０１０年1月31日放映されたＮＨＫスペシャル『無縁社会― 〝無縁死〟３万2千人の衝撃』が大きな反響を呼んだことは記憶に残っている。その時、20代、30代の若い人たちが、「将来自分も同じ道を歩きかねない」「行く末のわが身に震えました」「自分も無縁死予備軍だな」と、番組を見ながら将来の自分自身の姿を見ているような気になったと言っていたことが衝撃的だった。

同じ２０１０年に、「パラサイトシングル」「婚活」などの言葉で、現代社会の世相を指摘してきた社会学者の山田昌弘が、生涯未婚率が25％を超え、「家族がいない」「家族によるサポートがない人々」の増加に対して『「家族」難民』と特徴づけていた。その後『難民高校生』（仁藤夢乃、英治出版）や「さまよう保育難民」（毎日新聞）などの表現も現れ、いま日本社会では、さまざまなところで「難民化」が進行していると言えそうだが、なかでもやはり「家族の難民化」は近未来に向けての深刻な問題と言えるだろう。「地域社会の無縁化」「家族の難民化」は、現代日本社会を象徴する表現であり、超高齢化のなかで老後を迎える人々はすでにいま直面している問題として、これから出産・子育てをしていく若い世代にも、忍び寄る将来の課題として大いなる不安を与えている。

キーワードとしての「家族」に光が当てられたのは、近年のことではない。小此木啓吾の『家庭のない家族の時代』（ABC出版、1983年2月）や斎藤学《さとる》の『「家族」という名の孤独』（講談社、1995年7月）など、特に1980年代から、継続して変わりゆく「家族」とそこに発生した諸問題に光が当てられてきた。精神科医の斎藤は、アルコール依存、児童虐待、登校拒否、アダルトチルドレンなどへの臨床体験に基づき、その著の結論を「家族に包まれることは恵みだが、家族の温もりに酔うのは危険……家族の中で人は孤独を知り、他人を求める自己を知る。」と記していた。また小此木は、いち早く「家族」の問題をとりあげた著書の中で、揺れ動く家族について「ホテル家族」「劇場家族」「サナトリウム家族」「要塞家族」などとたとえ、「ネットワーク家族」への道を提起していた。この本を読み直してみると、そこには揺れ動く「家族」のもとでの家庭のあり方について、「家庭に代わるヒューマン・ネットワークの機能構築にむけて、真剣な準備をはじめてほしい」と呼びかけ、「現代の家庭における子どもたちの被害は、古い核家族形態から新しい家族ネットワーク、あるいはもっと広い範囲のヒューマン・ネットワークであるソーシャル・ネットワークへの人類の生活様式の決定的な転換のための引き金現象」なのだとの指摘がある。

## 3．地域共同体の衰弱と家族変容の構造

1960年代以降の高度経済成長期を通じて、日本社会は大きな変貌を遂げた。本格的な産業化社会（工業化社会）への突入により、農業を主体とする「前産業化社会」での大家族とそれを包含する地域共同体が崩れ、夫を主要な稼ぎ手とする核家族が形成され、家庭主婦によって、子育てと高齢者扶養が担われてきた。しかし、さらに産業化は進み、女性の社会進出にともない、食事・炊事の外部化（外食化）をはじめ、子育てや高齢者介護の外部委託化など、それまで家族と家庭の中に閉じ込められていた諸機能の外部化が急速に進んだ。外部化され、社会化された子育てや介護機能に対して、公的な支援の受け皿づくりは遅れ、公的支援体制の未整備が、保育所・学童保育所の不足により保育施設に入れない待機児童（保育難民）を生み出し、共働き家庭への多大な困難をもたらしてきた。

1980年代後半以降、日本社会の家族の揺らぎは一段と進行し、「家庭に代わるヒューマン・ネットワークの機能」が生み出されるどころか、それとは逆行して構造的不況を背景に「受益者負担」「自己責任」を原理とする新自由主義的改革のもとで、家庭機能はさらに衰弱してきた。子育ての分野をみると、「民営化」の名のもとに、子育てを支える公的保障が後退し、企業化・営利化が進み、子育て支援が商品やサービスとして提供されることで、子育ての私事化が強まっている。商品やサービスの量と質を際限なく追求する市場化の拡大が、家族の構成員を消費者として商品市場に飲み込み、地域社会・コミュニティの衰弱と人間関係の分断とあいまって、地域共同の子育て機能が消失し、家庭の子育て力が極度に衰弱し

ている。

一連の新自由主義的改革によって顕著になった貧困・格差問題が、家庭の子育て力・養育力の衰弱をより一層深刻にしている。日本の子どもの相対的貧困率が1990年代半ばより上昇傾向をたどり、過去最悪16・3％（2012年）から少し改善されたものの13・5％（2020年7月発表――2018年の所得にもとづくデータ）となっている。小・中学生の就学援助率も上昇し、全国平均で15・6％、東京・大阪の都市部での受給率は高く、東京足立区では46・6％、板橋区でも43・7％という深刻な数値を示している（いずれも過去最高の2012年時点）。

こうした貧困・格差が家庭生活に与える影響は根深いものがあり、経済的貧困とそれにともなう家庭の文化環境や人間関係の貧困が、諸々の問題を生み出す根源として拡大している。孤立した家庭の中で、児童虐待やDVなど、子育ての私事化・孤立化の下で、個々の親の責任・病理として問題が閉じ込められ、一連の社会的排除の構造が、湯浅誠のいう貧困から生活と人生を守るための〝溜め〟を奪い、子育てをめぐる貧困問題を世代を超えて連鎖させている。

## 4．「新しい家族主義」の台頭と「家庭教育支援法」の画策

かつて第1次産業が中心だった時代の大家族から、性別役割分担による核家族・マイホーム主義への変化は、日本企業の経済発展を支える仕組みだった。それは、終身雇用と企業福祉を前提として、高度経済

成長期に形成された家族・家庭モデルであり、「家族主義」を生み出した。しかしバブル崩壊後の長引くデフレ不況の中での成果主義・競争主義の導入により、家族主義の崩壊に拍車がかかった。その後も非正規雇用の拡大、競争を原理とする新自由主義改革の進展の中で家族主義の解体が進んできた。しかし成果主義・能力主義の浸透は、社内コミュニケーションを阻害し、企業経営へのデメリットが見え始めたため、近年では成果主義・能力主義を見直しかつての家族主義の良さを生かした「新しい家族主義」を位置付けようとする新マネジメントの台頭も見られる。しかし、「新しい家族主義」は企業経営にとっての対策ではあっても、勤労者家族の生活と子育てを豊かにする方策となりうる保証はどこにもない。

　困難に直面する家族・家庭の問題を前にして、自民党は「家庭教育支援法」の制定を画策している。この法のねらいは、家庭教育を保護者の第一義的責任とした改正教育基本法にもとづき、子どもを国家と社会の形成者に育てるための環境整備の責務を国と自治体に課すというものだが、自民党は今起きている様々な問題は、家庭教育が出来ていないからだ。親が責任を負っていない。それは教育基本法（第10条家庭教育）違反であり、その状態を『家庭教育支援法』を制定して正していく必要があると言っている。しかし、そこには子どもに対する親の教育権への侵害とともに、家族が国家を支える基礎的集団であるという旧態然の発想があり、旧民法の家長が家族を支配する旧《ふる》い家制度のイメージへの回帰が示されており、「個人の尊厳と両性の本質的平等に立脚すること」を原則とした憲法24条の精神が崩される可能性がある。[1]

　自民党がこの法律を企図している背景には、天皇を国民統合の中心として仰ぎ活力ある国づくり人づくりを推進する「日本会議」による憲法24条改正への意図が見え隠れしている。[2]今日の家族の解体の背景と要因を問うことなく、いま顕在化している家族問題や家庭の教育・しつけ問題の原因は親自身の姿勢にあるというのである。伝統的な家族（サザエさん一家のような）イメージを理想像として、もう一度そこに戻すべきだとの啓発につとめている。家庭の教育力を失った親たちに対して、「親学」（明星大学・高橋史朗氏の提唱）の普及も展開されている。２０１２年に安倍晋三（元首相）を会長として「親学推進議員連盟」を発足させ、「伝統的」家族・家庭観の回復・普及の推進を行ってきた。園児に教育勅語を暗唱・唱和させていた森友学園の教育を手放しで称賛していた安倍首相夫妻の姿は、まさにその象徴であった。自民党の「家庭教育支援法」の背景には、こうした「親学推進」や「日本会議」の動向があり、いま保守政権が血道をあげている改憲への動きと軌を一にしているところに重大な問題がある。

家族・家庭問題を考える基本視点として、旧憲法の家父長制や家族国家観を否定し、個人の尊厳と両性の本質的平等に立脚して家族・家庭を築き、多様な価値観を尊重する憲法24条の基本原則に立脚することが重要である。

## 5. 現代における家族支援と家庭の子育て力の回復・創造

子育て力をもった家族と家庭の再生への視点として何が必要だろうか。

第一は、血縁のみに頼らない人間関係の構築である。子育てや介護などのケアを、他者とともに構築していくことが求められている。赤ちゃんから障害者、高齢者の誰もが、安心して暮らせる「家族的ケア」

を追求しているデイケアハウスなどの取り組み（『親子じゃないけど家族です』（阪井由佳子、雲母書房、2002年）に注目したい。子どもたちを育てる力は、認知症のお年寄りや障がいを持った人たちとの、日々の暮らしを通しての交わりの中にこそあること、そして阪井さんが経験に基づいて断言する「介護と子育ては他人の方が上手です」ということばの重みを噛みしめたい。そこには、住み慣れた地域を拠点にして在宅福祉サービスを提供している「新しい家族のイメージ」がある。

二つ目は、家庭の子育てを外に開くという点にある。子育ての私事化・個別化が進む中で、子育ての悩みを親が内に抱え込んでしまうと、出口が見えなくなる。

家庭でつくりだす養育力は重要だが、子どもの育ちのフィールドは、成長と共に家庭から地域へ・社会へと拡大していくので、子ども集団や地域の人々とのかかわりの中で生み出される共同・協同の子育て力を重視しておくことが必要であろう。特に異世代間交流の中で体得される社会性など、子育てを社会に開く課題を重視しておきたい。

家庭を社会に開き、地域との接点を求めて積極的に取り組みに参加する親は、問題を解決する力を持っているが、そうした場に出て行かない親ほど様々な問題を抱え、子育てに悩んでいる。家庭の芽は弱っていても、地域の力が豊かであれば、家庭にも栄養を行きわたらせることができることを目指して、子育て広場づくり、サロンづくり、カフェづくりなど地域の居場所と子育て環境を豊かにするネットワークの取り組みが生まれ、近年では全国各地に「子ども食堂」が広がっている。家庭に直接介入しなくても、課題を抱えた家庭を地域の人々が見守り、家庭の子育てを支えることはできる。「地域社会が子どもを守り育てる」「地域のみんなが親である」ような関係が生み出されることにより、衰弱した「家庭の子育て力」を支えるヒューマン・ネットワークの構築に寄与することができるであろう。

三つ目には、外部からは見えにくい家庭や家族の問題へのアプローチとして、やはり福祉や医療の専門職の役割は絶大な力がある。地域のすべての子どもの検診や診察にかかわる医師とソーシャルワーカーがヒューマン・ネットワークづくりにむけて、協働の取り組みを進めることを期待したい。

医療・福祉の側面から患者やクライエントが抱える家族問題・家庭の問題にとりくむ「家庭医」や「スクールソーシャルワーカー」の専門的役割は大きい。患者を取りまく家庭・家族内の独特な文脈に目配りし、本人と家族の物語を確認し、様々な面からアプローチして新たな文脈を一緒に創っていく作業が重要である。深刻な問題の早期発見、問題にまとわりつく諸要因や文脈を解きほぐし、問題の改善・解決に向けて活用できるさまざまな社会資源をコーディネートし、子育てや介護のネットワークを編み上げていくために専門家の専門領域を超えた連携と協働が求められている。

四つ目に、個別ニーズに即したケアやサービスをおこなう際に、親や子どもをケアやサービスの受け手におしとどめるのではなく、暮らしの再建・創造をめざす主体としていくことが大切である。２０１８年1月には、これまで光が当たらずに来た精神疾患を抱える親の下で育つ子どもたちが、専門家の支援のもとでセルフ・ヘルプ・グループ「こどもぴあ」を発足させたが、障がい児とその親たちの会、不登校の子どもと親たちの会、非行の子どもの立ち直り・やり直しを支える会など、当事者の主体的な取り組みとネットワークづくりが、大きな役割を果たしてきた。

家庭の枠を超えて多くの人々と交流し、ともに学びあえるような機会や場をつくっていくこと、困難を抱えている人々自身が立ち上がりセルフ・ヘルプ・グループを組織すること、福祉サービスと生涯学習・社会教育との結合によって当事者の学びの機会を保障し、当事者の取り組みへの主体的な参加を援助することが求められている。

## 6.「素人のグラデーションワーク」への注目を

最後に、専門機関・専門職によるソーシャルワークだけでなく、「おせっかいな素人によるグラデーションワーク」(と名付けておく)が、ネットワークの網の目の隙間をうめているという実態にも注目しておきたいと思う。新しいヒューマン・ネットワークづくりにむけて、医療・福祉・保育・教育などの専門職と、行政機関との連携が重要であることはいうまでもないが、地域の中で、困難を抱えた家族・家庭への支援を、きめ細かに行っていくためには、社会福祉協議会や民間のＮＰＯやＮＧＯ、ボランティア団体の役割、さらには、地域に暮らす一市民の「おせっかい」が大切ではないか。支援を必要とする家庭と子ども・お年寄りへの支援は、具体的で個別的で、時を選ばない。専門機関のネットワークの力が及びきれない網の目の隙間をいわばグラデーションのように埋めていく課題こそ重要である。必要な時にすぐ駆けつけることのできる家庭主婦や地域住民による取り組みが不可欠である。専門家には、素人のグラデーションワークが的確で意味のある役割を果たせるような目配りと援助・アドバイスが求められている。

# 二. 「子どもの居場所」を考える

## 1. 居場所を失う子どもたち

### (1) 日本の子どもたちの孤独

「子どもの居場所」への関心が高まったのは、1980年代半ばからである。その背景には、子どもたちの間での不登校のひろがりや、いじめ問題の多発など、日本の子どもたちの生活と発達における「心の不安」の拡大と「心の拠り所」の喪失の問題がある。「子どもの居場所」を考える課題は、日本の子どもの発達と自立のあり方を考えるうえでの基本問題の一つとなっている。

いま日本の子どもたちが抱える「心の不安」「心の拠り所」喪失は、日々の生活の中に自分の役割がなく、自信が持てず、孤独感を抱いているということから生じている。2007年にユニセフが発表した「子どもの幸福度調査」で、世界の先進諸国の中で「自分は孤独だ」と感じている子ども(15歳児)の割合が、日本は群を抜いて高い(29・8%)ことが話題になった(平均は7・4%)。子どもの孤独感の高さは、「自己肯定感の低さ」（２０１１年財団法人日本青少年研究所の米・中・韓・日4か国比較調査の結果より。「私は価値のある人間だと思う」への回答「全くそう思う」の割合が、米国57・2％、中国42・2％、韓国20・2％に対して、日本7・5％）と相まって、子どもの幸福感や生きる力を低めていると思われる。

子どもNPOセンター福岡が、幸福度世界一といわれるデンマークの子ども約２００人と同じ年代の福岡の子どもを調査し比較した興味深い結果がある。[3] それによると「自分のことが好きだ」（福岡40％、デンマーク95％）、「自分は人から必要とされている」（福岡43％、デンマーク89％）、「自分にはいいところがたくさんある」（福岡37％、デンマーク87％）、「自分は役に立つ人間だ」（福岡33％、デンマーク94％）、「社会の役に立つことがしたい」（福岡82％、デンマーク88％）というような結果になったという。「社会の役に立つことがしたい」という項目には、あまり大きな開きがないのに、日本の子どもたちの自尊感情の低さ、自信にかかわる数値の低さが目立つ。

今日の日本の教育・子育てで問題なのは、子どもたちは守られ、サービスを与えられる存在ではあっても、「あてにされる」存在でなくなったことである。自尊感情や自己肯定感が育たないのは、幼いながらも、あてにされ、役割をもち、信頼される機会がないからではないか。家庭と地域社会の生活のなかに出番と役割が失われた子どもたちは、いわば「失業」状態に置かれており、失業者が居場所を失うと、「難民化」してしまうことになりかねない。

## （2）家はあっても居場所がない――『難民高校生』からの問いかけ

『難民高校生』（仁藤夢乃著、英治出版）という本がある。著者は高校生時代、両親とも教師ともうまくいかず、家に帰らず、渋谷の繁華街・ストリートを徘徊するようになった。彼女にとって「自分の居場所がほしい！」ということが切実な願いであった。衣食住を満たされたこの日本社会の中で、子ども・若者たちが「心の居場所」を失って難民化し、自分さがし・自分づくりの道を彷徨《ほうこう》している姿がリアルに表現されている。その後、彼女は初めて「あるがまま」の自分を受け止めてくれる信頼できる大人（農業をしている塾の講師）に出会って、変化のきっかけをつかみ、彷徨《さまよ》っていたそれまでの人生を反転させ力強く成長していく。

今なぜ子ども・若者に居場所が必要なのか、どういう居場所と、どういう大人が求められているのかを考える上でも極めて示唆に富む本であり、子育てまっ最中の親、日々子どもたちと格闘している教師、教育関係者にはぜひ読んでほしい一冊である。一人ひとりの子どもが成長していくときに、その「あるがまま」の姿が受け止められ、認められるということは最も重要な土台である。子どもたちの成長には、発達の土台となる自尊感情と自己肯定感が不可欠である。自分自身を取り巻いている人間関係の中で、親や周りの大人から愛され、支えられ、認められているという実感を子ども自身が持てることにより、自尊感情と自己肯定感は育まれていくことを教えられる。

## 2. 子どもの「あるがまま」を受け止めること

### (1) 親だからこその矛盾

一人ひとりの子どもの「あるがまま」の姿を受け止める第一の大人は、何よりもまず両親でありたい。しかし、わが子を「しっかりとした大人に育てる」という課題を担っている親にとって、頭では分かっていても、なかなか子どもたちの「あるがまま」を認められない。それは、子どもたちに、生きていくために必要な知識や技術、コミュニケーションの力、生活習慣、社会的なモラルを身につけさせ、少しでも成長・発達して行ってほしいと願うために、いつまでも子どもが「あるがまま」の姿でいたのでは困るからである。未来に向けて「子どもを『育てる』」という営みは、「『あるがまま』を認める」という課題と対立・矛盾しやすい。子育てをする親・教師だからこそ、その責任を果たそうとするがゆえに、まず子どもたちの「あるがまま」の姿を認めるというよりも、「こうなってほしい」という願いの方が先に立ってしまう。

そこで、「子育て」をする親の近くに、子どもの「あるがまま」を認め、受け止めてくれる人や場所があると心強い。子どもたちが「あるがまま」の姿でいられる「心の拠り所」が必要なのである。

### (2)「あるがまま」を受け止める親以外の人々

「心の拠り所」の保障にむけて、昔からその相性の良さが指摘されている祖父母世代の役割に注目しておきたい。かつて、日本国中どこの町、どこの村にも存在していた駄菓子屋。いつも店番をして、ただそこにいるだけのばあちゃんは、子どもに寄り添い呟きを聴いてくれるカウンセラーのような存在であった。子どもの世界における駄菓子屋の役割の現代的な再生・創造を呼びかける『駄菓子屋楽校』の著者松田道雄さんは、専門家でなくても、子どもが地域のいろいろな人とかかわり、子どもたちを見守っている人の必要性を説き、子どもと高齢者関係の重要性を指摘している。[4]

子どもと高齢者が切っても切れない関係にあり、両世代の交流の中に問題解決の糸口があることを原理的に明らかにしようとしているのは広井良典さんである。子ども・大人・高齢者の三世代に分け、それぞれの世代が行う主要な活動を、遊び・学び・働く・産む・教える（経験の伝達）との関連で特徴づけて「人間の三世代モデル」を提示した。それによると、大人の「働く＋産む」に対して、子どもは「遊び＋学び」に、高齢者は「遊び＋教える」にその特徴を見いだせると言う。子どもと高齢者は、〈遊び〉すなわち自由な時間・楽しみを共有し、子どもの〈学び〉に対して経験豊富な高齢者が〈教える〉という関係が対（セット）になっており、そのことが両者の相性の良さを生み出し、人類の文化継承を支える根拠になっているというのである。[5]

また、東京おもちゃ美術館館長の多田千尋さんは、沖縄には、兄弟姉妹、夫婦、師弟のように、子ども・高齢者関係をセットで捉えた「ファーカンダ」ということばがあることを紹介しつつ、切っても切れない両者の相互関係の価値を見出している。[6] 子どもの「あるがまま」を受け止め「心の拠り所」を生み出す可能性としての〈子ども・高齢者関係〉に改めて注目しておきたい。

さらに、子どもの居場所をより親しみ易いものにするには、親子のようなタテの関係ではなく「ナナメの関係」といわれる叔父・叔母との関係も大切である。叔父・叔母との関係は親子関係よりも年の差が小さく、子どもの価値観や文化状況を理解し寛容度が高いことが、子どもの「あるがまま」を受け止め易いものとしている。子どもたちが「心の拠り所」を身近なところに見出すうえで、祖父母世代との「対（セット）関係」、叔父叔母との「ナナメの関係」の大切さに目を向けておきたい。

## 3.〈あこがれ〉への注目

### （1）「あこがれ」をひろげる年長児童・青少年・若者の存在と魅力

人間関係づくりの中で、次に注目したいのは、発達段階の上の年代との交流である。乳幼児期の子どもと児童期の子どもの交流、児童期の子どもと青少年期の子どもとの交流、さらに子どもたちが高校生や大学生・若者とともに遊び・学び・交流する機会をつくりたい。同年齢の子ども同士の交流だけでなく、発達の次の段階にいる年代との交流は、子どもたちの中に「あこがれ」の対象を生み出す。

子どもが育つのは、親や大人によって「育てられる」からではない。子どもは、外からの力によって育てられるのではなく、自分自身の中に、目標を取り込み、発達課題を内面に取り込むことによって、その目標に近づいていきたい、そのようになりたいという願いと意欲に導かれ自ら育っていく。

子どもたちは、教科書やマニュアルによって育てられていくのではない。自分の生活の中で、近くにいる人の中に「生きた人間の教科書」を見出すことによって、その人に「あこがれ」を感じ、近づいていきたい、一緒にいたい、そのようになりたいと強く願うことによって育っていく。

保育所や学童保育の取り組みの中でよく見られることだが、年少の子どもたちは年長の子どもたちの中に「あこがれる存在」を見出す。保育所に、中学生や高校生のお兄さん・お姉さんが来て一緒に遊ぶと、子どもたちの活力が増し活性化する。子どもの放課後活動や子ども会活動に大学生や若者が加わると、子どもたちの興味・関心・意欲が引き出される。それは、子どもたちにとって学生や若者は「親しみやすい先輩」であり、気持ちの分かるお兄さん・お姉さんだからである。親や大人とは違って、また子育ての専門家としての保育士と違って、彼らは未完成の手本、すぐ手が届きそうな手本であり、その姿に明日の自分を見ることのできる「生きた手本」だからである。ヴィゴツキーの言葉を借りれば、年長児や若者は年少の子どもの「発達の最近接領域」（『思考と言語』１９３４年）に発達課題を持ち込む存在といえる。

年長者の中に「あこがれ」を見出し、目標を自分の中に取り込むことにより、子どもたちは育っていく。年長者と子どもとのかかわりを〈子ども—若者〉関係として総称すれば、子どもの「ありのまま」を受け止める〈子ども—高齢者〉の関係とともに、「あこがれ」を生み出す人間関係として発達の次のステージにいる年長者との出会い・ふれあいは、子育てにとって不可欠である。〈子育て〉の中に、〈子育ち〉の軸を位置づけるために必要な視点として〈子ども—若者〉関係に注目しておきたい。

### （2）発達における「戻りの階段」への注目を

〈子ども―若者〉関係は、年下の子どもたちにとってのみ意味があることなのだろうか。年下の子どもとかかわることが、同時に年長の子どもたちにとって、どういう意義があるかを考えてみたい。

一般に、子どもの成長発達を考える場合、乳幼児期から児童期へ、児童期から青少年期へ、青少年期から若者期へというように、加齢とともに進む発達段階を次のステージに昇っていくこととしてイメージすることが一般的である。しかしそれでは、「登りの階段」しか見ていないことになる。

大学生や若者が子どもたちに接すること、高校生や中学生が、保育所に行って幼児と一緒に遊ぶこと、乳幼児と触れ合うことによって、自分が育ってきた過去を振り返る機会も重要ではないか。やんちゃで元気な子どもたちとの触れ合いは、時にわがままで聞き分けのない子どもたちに振り回され、追いかけられ、じゃれつかれ、もみくちゃにされるが、はじけるような子どものエネルギーを受け取る。昔読んだ絵本やおもちゃに再び出会い、昔遊んだ園庭や遊具に触れたとき、懐かしさとともに自分の今をみつめ直す。一人前の市民、社会人への自立へと、さらに階段を昇ることが期待されている毎日の中で、時には発達段階の下のステージの子どもたちと触れ合い、自分が育ってきた道筋を振り返ることも必要である。子どもの成長・自立に向けて、発達における「戻りの階段」を用意することも必要ではないだろうか。

〈子ども―若者〉関係の重要性は、子育て真っ最中の親にとっては、子どもから若者まで年齢を超えた年代が交流する姿を通して、わが子が育ち行く明日の姿を想像することができる重要な機会でもある。

「少し見ぬ　うちに天晴《あっぱれ》　若竹ぞ」竹の生長のスピードの速さになぞらえた小林一茶の俳句のように、子どもの育ちはきわめて早い。この間まで保育所に通っていた乳幼児、小学校に通っていた子どもたちが、いつの間にか声変わりし、親の背丈を越えていく。

子育ては、子どもの今を見つめているだけでは不十分である。乳幼児の今を見つめながらも、子どもが育ち行く次のステージを見通すことが必要である。子育て支援は、子育ての今を支援するだけでなく、子どもが育ち行く先への見通しを持てるように援助することが求められる。子育て支援において、〈子ども―若者〉関係に注目することは、子どもにとっても親にとっても、大きな意味がある。

## 4．おもしろさ・楽しさ・心地よさと居場所

### （1）遊びがもたらす解放感への注目を

子どもたちが心の中に抱えている「居場所のなさ」は、外からは簡単にわかるものではない。子ども自身にも、うまく言葉にできないことも多いであろう。それを理解するには、手間と時間がかかる。「不安感」を抱えた子どもへの援助においては、手間と時間をかけ、寄り添い・共に歩む生活の中で、いつどのような形で、どこで表出してくるかも分からないいかすかに漏れ出る心情・情報をつかむことが大切である。

２０１３年から、子どもの貧困への取り組みとして「要町あさやけ子ども食堂」をオープンさせた栗林知絵子さん（ＮＰＯ法人豊島子どもＷＡＫＵＷＡＫＵネットワーク理事長）は、プレーパークで出会った気になる子どもたちについて、「プレーパークは学校でも家庭でもないナナメの関係のおとなに子どもが

辛さを呟ける大事な子どもの居場所です」[7]と指摘している。子どもとのかかわりにおいて子どもが内面の苦悩を表出できるようにするための最も良い方法として、「遊び」を重視するという視点を強調しておきたいと思う。遊びは子どもの心を解放する力を持っている。そして同時に、子どもの主体性を引き出し、自己肯定感を取りもどす力を持っている。子どもの心の内にある想いや願いが顔を覗《のぞ》かせる時、それは子どもたちが思い切り身体を動かし、心を解放できた時に、その隙間から漏れ出すものだからである。

## （2）居場所には「遊び心」が必要

遊びへの注目は、遊びという活動が大切というよりも、その中に「遊び心」があるということ、いっしょに楽しむ心の余裕があるということこそが大切なのである。一見無駄なことのように見えるが、時に子どものわがままや屁理屈に付き合い、子どもの「お馬鹿行動」[8]をも受け止め、子どもの道草や寄り道を見守り、遊びを共に楽しむ時間を大切にしたいと思う。大人の「遊び心」は、教育や福祉の営みにおいて、結果をすぐに求めないこと、指導したがらないこと、忍耐強く「待つ」ことができることの根拠となる。子どもを対象とする取り組みにおいては、「遊び」が持つ本質的価値である「面白い・楽しい・心地よい」こと、精神の解放と躍動が持つ可能性にもっと注目する必要があると思う[9]。「面白い・楽しい・心地よい」時間の保障と、さらに根源的な「のんびりできる時間」「ほっと息の抜ける空間」の保障が求められていると捉えるべきだろう。その点について、長い間朝日新聞の論説委員をしていた辰濃和男さんの「居場所とは『質のいいぼんやりの時間』を約束してくれるところなのだ」[10]という指摘は重要である。

## 5．出番と役割のある生活を創る

### （1）〈あてにし―あてにされる〉関係を生み出す

いま、いろいろなところで〈子どもの居場所〉づくりが求められているが、子どもの居場所には、どのような要件が必要だろうか。居場所の要素としては、何よりもそこでは「あるがまま」が認められること、楽しく居心地がよい人間関係があること、のんびり・ぼんやりも許される空間であることを指摘できよう。しかしさらに重要なことは、そこにいることで「自分の存在感」を得られるということであり、自分を取り巻く人間関係の中で「あてにされる」ということにある。「あてにされる」ということは、子ども・若者の育ちにとって最も重要な要素である。それは親や教師にとっても言えることだが、人間関係の中で「あてにされる」ということは、そこに自分の役割と出番があり、自分の立場があるということであり、立場に付随した責任があるということである。どんなに小さくとも、人間は「役割」を持ち、「出番」が与えられ、「責任」を果たすことにより、「立場」を獲得しつつ成長していく。家庭でも、学校でも、職場でも、地域社会でも、「あてにする―あてにされる」という人間関係のなかで、自信が育まれ、自尊感情・自己肯定感が強まっていく。

## （2）被災地での教訓に学ぶ――居場所を創る子どもたち

子どもたちは、決して「保護され助けられる存在」なのではなく、自らの手で居場所を創りだし「大人を励まし勇気を与える存在」にもなることに注目しておきたい。東日本大震災の被災地での子どもたちの動きの中に、子どもたちには自ら居場所を創りだす力が秘められていることが示されていた[11]。

震災直後、自宅を失い仮の居場所として用意された避難所で憔悴《しょうすい》する大人たちを励ましたのは、子どもたちが元気に動きまわる姿であった。各地の避難所で子どもたちは自発的に仕事を創りだし、役割を果たし始めた。その様子がさまざまなメディアで取り上げられ、記録されている。避難所で小学生が「肩もみ隊」を結成してお年寄りたちを和ませたという例（岩手県山田町「産経ニュース」２０１１年３月23日）。自閉症の中学2年生が特技のピアノ演奏で、毎朝、避難所の人々を癒やした（ラジオ体操の伴奏をしたり、子どもからのリクエストに応えたり）という例（宮城県女川町「ＮＨＫニュース」同年３月26日）。一時約１８００人が身を寄せた大規模避難所で、小中学生と大学生が支援物資の仕分けや配膳・水くみ・トイレ掃除などの切り盛りをおこない、「欠かせない存在」になったという例（宮城県石巻市「朝日新聞」同年４月5日）など、その他にもたくさんの報道がなされた。

## （3）役に立つことで居場所がひろがる

なかでも、宮城県気仙沼市気仙沼小学校避難所での「ファイト新聞」のとりくみは特に目を引いた。避難している人々が明るい気持ちになれるようにと、小中学生有志が壁新聞を創刊したのである。その日の楽しかったことだけを選んで記事にする、という方針のもと、避難所での日々のちょっとした明るいニュースを、カラフルな絵を交えて紹介した。1か月ほど経つと、小さな「新聞記者」たちは、大人たちの「面白い、いつも見てて楽しいよ」、「勇気づけられる」、といった言葉に支えられながら、なんと50号（2011年7月3日）まで『ファイト新聞』を発行し続けた。最終号につづられた「生きてきたなかで、いちばん密度が濃かった」という一人の子どもの言葉は印象的である（asahi.com 4月15日、河北新報7月4日、ファイト新聞社『宮城県気仙沼発！ファイト新聞』河出書房新社、2011年など）。

災害のなかの子どもというと、大人によって「保護され助けられる存在」としてとらえられるのが普通である。しかし上記のように、「大人を励まし勇気を与える存在」としての子どもの姿もあったのである。

こうした子どもたちの仕事づくりが生まれた背景には、普段から大人と子どもが身近に接する人間関係があったに違いないが、皮肉にも、学校教育のシステムが破壊されたことにより、避難生活の中で子どもたちの自主性が発揮され、主体的かつ自治的な活動を展開する機会が生まれた。自分たちで仕事をつくり、役割を見出し、避難所の人々にあてにされる存在となり、避難所の中に確かな居場所を創りだしたのである。

震災の中で子どもたちが示した姿は、学校内外の教育活動において、子どもの潜在力・可能性に信頼を寄せ、自主的・自治的集団活動、社会参加活動の機会をもっともっと保障すべきことを問いかけている。子どもたちは大人によって守られ、居場所を与えられる存在ではなく、自らの手で居場所をつくる力がある。「災害ユートピア」（レベッカ・ソルニット）の中での出来事に終わらせることなく恒常的に発揮できる機会をつくることが大切だと思う。[12]

## 6．「居場所」にしか居場所がない時代の不幸――暮らしの中に居場所と人間浴を

戦後の団塊の世代である私たちの子どもの頃は、兄弟姉妹の数が多く、地域のどこを見ても子ども集団が群れ集って遊びまわっていた時代であるから、大人が「子どもの居場所」づくりを考えるなどということは全くなかった。子どもたち自身が、それぞれの成長に応じて、家の内外に、地域の中に、自分の居場所を見つけだし、創りだしたものである。そこに行けば、必ず遊びを繰り広げられる広場があり、仲間と一緒に集えるたまり場があり、気の合う仲間同士だけに教え合う穴場があり、大人たちの目を盗んでもぐりこんだ隠れ家を持っていた。学校帰りに寄り道した駄菓子屋の店先、抜け道を通って集まった神社の境内、虫取りや魚とりに興じた林や川、草野球の格好のフィールドだった稲刈り後の田んぼなど、すべてが居場所をつくれる空間だった[13]。

時々喧嘩をしたり、冒険し過ぎてケガをしたり、多少の危険とは背中合わせだったが、地域の至るところに自治にもとづく子どもの領分があり、そこに子どもの居場所があった。

しかしいま、日本の子どもたちはかつてのような居場所をもちえていない。放課後の塾通い、地域開発、交通事情、不審者の徘徊など、子どもの生活への安心・安全を脅かす諸要因により、子どもの自由世界の縮小化が進み、子どもの居場所づくりが出来にくくなっている。

地域環境が急激に悪化した現在、子どもたちが自由に遊びを展開し、子どもたち自身の手で自由に居場所を広げにくい時代であるから、大人の善意を結集して安全と安心に目を配りながら「子どもの居場所」づくりに取り組まなければならないのだろう。しかし、そうした時代だからこそ気をつけねばならないことがあると思う。

子どもたちを一か所に集めて、大人が準備した居場所で過ごさせ監視・管理していれば「安心・安全」かもしれないが、それは「子どもの居させられ場所」づくりであり、子どもの居場所ではない。本来の子どもの居場所は、与えられるものではなく、子どもたちが仲間とともに創りだすもの、獲得するものである。ワクワクするような冒険や、子ども同士の約束事や秘密の世界を共有しながら、大人との緊張関係をもちつつ「子どもの領分」を拡大していくプロセスこそが子どもの居場所づくりのポイントである。

地域社会そのものを安全・安心な場所にするための努力を放棄して、子どもだけを囲い込むという発想ではまずいのではないか。日々の生活の中で関わり合う人々の中に、お互いに支え合い認め合える親密圏をつくり、触れ合う人々からエネルギーをもらえるような人間浴のできる地域環境づくりを進め、意図的に「囲われた居場所」ではなく、子どもたち自身が自分たちで領分を拡大できて、地域社会そのものが子どもの居場所となるような地域づくりに向けての長期的視点が欠かせないと思う。[14]

# 三．「地域と子ども」問題の諸相と子どもの社会参画の可能性

## 1．「地域」へのイメージ

現代社会では、多くの場合子どもは病院・助産院で生まれ、家庭で育ち、保育所・幼稚園、学校などの施設で長時間生活し、年齢と共に設《しつら》えられた階梯《かいてい》を登りながら成長していく。したがって、「家庭」「学校」以外の「地域」という用語のイメージは漠然としており、その認識は定かではない。「地域」という用語を使う場合も、生活道路や近隣の公園、あるいは習い事や塾などの学習施設、家族で買い物に行く商業施設など空間・場所として認識されており、人間関係が多様に紡がれ、自然と風土、伝統芸能と暮らしの文化が継承され、時には因習の残滓《ざんし》による確執も残存するコミュニティとしての認識は薄い。

子どもが生活し発達する領域として「家庭」「学校」と並んで「地域」が取り上げられていても、「地域」のイメージを持つことができにくい。とりわけ、「地域共同体」の機能が衰弱してきた１９６０年代以降に生まれ、その機能が急速に失われた１９８０年代以降に育ってきた世代には、そもそも「地域」概

念を形成する体験そのものが希薄である。

「子どもの地域参画」というテーマを考えるに当たって、テーマそのものを考察する背景と視点は、それぞれの生育史と時代背景によって、大きな差異があると思われる。そうしたテーマ検討にともなう困難を前提としたうえで、以下「地域と子ども[15]」を対象にして、子どもたちの地域参加・参画[16]の可能性について検討してみたい。その際まず物理的空間としての「地域」において、「子ども」をめぐって顕在化している諸問題をとりあげつつ考察を進めることにするが、上記の理由から論の展開が跛行《はこう》・錯綜《さくそう》することをお許しいただきたい。

## 2. 子どもの声は「騒音」なのか？——社会の寛容さ・許容度の縮小

子どもの声が「うるさい」というトラブルが全国各地で発生するようになって久しい[17]。

２０１７年８月には東京都の武蔵野市で、翌年４月開園予定の認可保育所が、「保育園ができると子どもの声でうるさくなり迷惑だ」という近隣住民の反対により開所が延期されるという事態が生じている。一方同年2月、神戸地裁は隣接する私立保育所の「子どもたちの声がうるさい」と提訴していた高齢男性の訴えを「我慢の限度を超えているとは認められず、違法とは言えない」として棄却した。その後この判決を不服とした原告が上告するものの、大阪高裁は一審を支持し、最終的に最高裁判所も上告を棄却し、原告の敗訴が決定するという訴訟もおきている。

２０１６年の11月から12月にかけて読売新聞が行った全国１４６の主要自治体への調査では、保育施設に関して周辺住民から苦情を受けたことがある自治体は、約7割の１０９自治体に上っている。子どもたちの声にとどまらず、運動会やその練習の時の放送、太鼓やピアノの演奏に伴う音が「うるさい」という苦情や抗議の声が出されているというのである。

先の神戸地裁の判決では、判断の根拠の一つとされたのが、子どもの声が「騒音」に当たる環境基準（当該地域では55デシベル以下）を超えているかどうかということが争点となり、原告の敷地内での測定結果が54・2デシベルであったことが訴えの棄却理由であったと報じられている。

すでに司法の場に苦情が持ち込まれ、公園で騒ぐ子どもの声が「騒音認定」（東京地方裁判所八王子支部）されたことがあるが、このできごとを報じた本の中で著者は、同様のトラブルが地域住民との間で多数発生していることを指摘し、「子どもの声が『デシベル』いう数値で判定される、そんな社会の到来は子育てや教育の場に何をもたらしていくのだろうか」と問いかけていた[18]。

厚労省の全国調査（「人口減少社会に関する意識調査」２０１５年）によると、「保育園児の声を『騒音』と思うことに（とても・ある程度）同感できる」という人が、35%にものぼるという高い結果が報告されている。しかしこの調査結果を丹念に見ていくと、子どもの声を「騒音」と捉える人の数は、「地域活動への参加」の度合いに反比例しているということが分かる。地域活動に参加していない人ほど、子どもの声を「騒音」と捉え、参加する度合いが高くなるほど騒音とは捉えてはいないのである[19]。

ドイツでは、子どもが生み出す「騒音」に対して寛容な社会を目指すために、国が「連邦環境汚染防止法」を改正（2011年7月）し、その中に託児施設や公園などでの騒音は「環境への有害な影響を与えるものとは認めない」とする新たな規定を盛り込んだといわれているが[20]、いま日本の全国各地で起きている「子どもの声はうるさい」という騒音問題の本質はどこにあるのか。

地域に響く子どもの声の問題は、デシベル高低の問題、音量の強弱の問題ではなく、子どもの声に対する大人社会の側の受け止め方の問題であり、より本質的には社会の「子ども観」の問題であると思われる。かつて自分自身も子どもであったことを忘れて、子どもの声を「騒音」あるいは「煩音」としてとらえ[21]、子どもを厄介な生き物・面倒な存在としてしか見られなくなった大人が増えていることこそが問題である。子どもはいつの時代もうるさく厄介で手のかかる存在である。子どもの育ちへの無関心と想像力のなさ、社会そのものの「子ども観」をめぐる変化、寛容さ・許容度の縮小にこそ問題があるのではないかと考える。

## 3. 映像記録に見る「地域と子ども」の変容

### （1）抵抗する子どもたちのエネルギー

騒音訴訟は21世紀に入ってからの近年のことだが、「地域と子ども」・「子どもと大人との関係」は、いつ、どのように変わって来たのだろうか。その変遷史を駆け足でたどってみたい。

1950年代から60年代の「地域と子ども」に関する記録を見ると、子どもの声を「騒音」と捉える今日の地域の風景とはあまりに対照的であったことに驚かされる。「家からあふれ出したこどもたちは、狭い路地にたむろし、ベーゴマやビーダマ、パッチ（メンコ）からゴロベースなどの野球までやり、路地にはいつも元気な歓声が響いていた。『赤ん坊が寝つかねぇから静かに遊べや』ときには、窓からどなられることはあっても、路地から締め出しをくらうことはなかった」[22]と。これは著者の遠藤ケイが自らの少年時代（１９５０年代）を克明にたどりながら書いた文章の一部である。

さらに「放課後」と題して子どもの様子を描いた章には、花火をほぐして火薬を集めてビンに詰めて爆発させたり、かんしゃく玉をパチンコで打って、道路や壁で炸裂させて、道行く人を驚かすなどのあくどい悪戯が山ほど記されているのだ。当時の悪ガキたちは、「騒音」どころではなく『爆音』を発しながら、徒党を組み地域のいたるところを遊び場にして我が物顔に遊び廻っていたのだ。今からわずか半世紀と少し前のことである。

地域の子どもの世界に変化が起こり始めたのは１９６０年代に入ってからの事である。ＮＨＫ ＢＳのドキュメンタリー番組「街に子どもがあふれていた―昭和39年・東京荒川区―」（２００６年11月５日放映）はその変化の兆しがキャッチされた映像として貴重である。この記録は交通事故の頻発に警告を発する目的でつくられた番組だが、東京の下町荒川区の子どもたちが車をよけながら、道路で野球や鬼ごっこ・お絵かき遊びに興じ、路地は異年齢の子ども集団が占領していた。１９６４（昭和39）年のこの記録で重要なのは、地域の大人たちがそうした子どもたちに対して、実に寛容な姿を示していたことである。

同時期の子どもを映した記録映画『遊び場のない子どもたち』（桜映画社・１９６５年）はさらに興味

深いものである。この記録映画は、上記のドキュメンタリーと同様に、急速なモータリゼーションの普及と地域開発がすすむ東京荒川区や板橋区の子どもたちの日常を映したものであり、題名の通り生活道路に侵入する車によって「遊び場を奪われていく」子どもたちの姿を描いたものであるが、それでもなお車を避けつつしぶとく野球をする子どもたち、守衛の目をかいくぐり、塀をよじ登って、工場の資材置き場に侵入し、注意されながらもたくみに切りぬけて遊びまわる子どもたち、線路にもぐりこみレールの継ぎ目に銀紙をおいて踏切の赤ランプを点滅させるなどのとんでもないいたずらまで描かれている。

今日の地域の子どもたちの姿からみれば、「遊び場のない子どもたち」というタイトルは間違いではないかと思うほど、しぶとく、かつ逞しく遊びを展開し、「子どもの領分」を拡大しており、「遊びを広げる子どもたち」というタイトルに変更すべきではないかと思うほどである。

これら二つの記録を見る限り、1960年代の半ばには、「地域開発・地域の変貌」が始まったとはいえ、地域の中に子ども集団があり、大人社会のルールや監視・管理に抵抗・反抗しつつ、子どもの遊びの領分（テリトリー）を確保し拡大しようとする子ども社会のエネルギーがあり、同時に大人の側にも子どもたちとの緊張関係を保ちながら、子ども社会を認めるまなざしと寛容さがあったことを見て取れる。

### （2）転換点に立つ子どもたちの実相

同じ日本社会の風景とは思えないほどの、今日の地域・放課後の子ども世界の変貌――いったい何が変わったのか。子ども自身なのか、それとも環境なのか。はたまた大人の子ども観なのか。その答えを探り当てる手がかりが、子どもたちの風景を捉えた写真集の中にある。

たとえば『雪国はなったらし風土記』（無明舎出版編、1988年）には、『親父の少年時代』の著者が描く子どもたちと同じ世界が、見事に映し撮られている。1965年頃（昭和30年代）までは、都会でも田舎でもあらゆるところに子どもの溜まり場があり、子どもの仲間集団があり、大人とともに働き、祭りを営む地域の子どもの世界があったことが分かる。

劇的変化は明らかに1960年代末から始まる。類する写真集の中でも、とりわけ興味深い一冊に宮原洋一の『もうひとつの学校』（新評論、2006年）がある。宮原が撮った写真は、1969年から73年の東京で、工場や高速道路の建設、マンション「開発」の波に飲み込まれる地域と遊び場を奪われる子どもたちが登場する。しかし、その危険な工事現場の中でも、まだしぶとく遊び続ける子どもたちの姿がそこにあった。

宮原は、そこにはドラマに満ちた子ども社会が「おとなの目に見守られた、地域社会のぬくもりとともにあった」「おとなたちも、大事に至るような危ない墓所以外は子どもが入り込んであそんでいても目くじらを立てるようなことはしなかった[23]」と書いている。「子どもと地域」にカメラを向け続けてきた宮原は、その風景が1970年代の後半に急速に衰退して1980年代の後半には消滅し、「町で見かける子どもの姿は、塾通いの、勢いをなくした後姿であった。遊び仲間をなくした子どもがひとり所在なげにしていたり、ゲームセンターで遊んでいる姿であった[24]」と回顧している。宮原の写真集には変化の時代の、まさに転換点に立つ子どもの姿が見事に捉えられている。

## 4. 地域社会の変貌──地域社会の無縁化・家族の難民化

### （1）地域コミュニティの崩壊と子どもの生活変容

1960年代前後の経済成長期を経て、日本社会は大きく様変わりした。本格的な産業化社会への突入により、第1次産業、特に農業生産を軸として形成されてきた村落共同体が衰退し、都市化が急速に進展する中で、地域共同による子育ての機能や伝統的な文化が失われていった。夫を主要な稼ぎ手とする核家族が形成され、その後のさらなる産業化の進展により、女性の職場労働と社会進出が拡大して共働き家庭が一般化した。食事・炊事の外部化をはじめ、子育てや高齢者介護の外部委託化など、それまで家族と家庭の中に閉じ込められていた諸機能の外部化が急速に進んだ。外部化され、社会化された子育て機能に対して、施設や地域環境整備と受け皿づくりが遅れ、子どもたちの生活圏への公的支援が不十分なまま推移し、保育所・学童保育所に入れない大量の待機児童の出現など、共働き家庭への多大な困難をもたらしてきた。そのために地域における子どもたちの生活環境においては、ドキュメンタリー映像に記録されたような歪みと諸問題が生み出されたのである。

1980年代後半以降、日本社会は、構造的不況を背景に「自己責任」、「受益者負担」を原理とする新自由主義的改革のもとで、親と子の生活は深刻さを増大させている。子育ての分野をみると、「民営化」の名のもとに、子育てを支える公的な支援が後退し、企業化・営利化が進んだ。子育て支援が商品やサービスとして提供されることで、子育ての私事化が強まってきた。商品やサービスを提供する市場化の拡大が、家族のメンバーを消費者として商品市場に飲み込み、家庭の主体性・自立性が失われた。また同時に地域社会・コミュニティの衰弱と人間関係の分断が一段と進み、地域の紐帯《ちゆうたい》と共同で行われてきた子育てが完全に崩壊・消失している。

社会の劇的な変化の中で翻弄されてきた子どもの生活変容の要因を捉えると、次の三つに集約できるだろう。第一に、高度経済成長期以降に進められた産業構造の転換にともなう共同体の崩壊と子育て文化の衰弱、第二に進学への期待にともなう親の教育熱の高まりと学習塾や各種習い事の拡大、第三にテレビの普及から始まる電子メディアの急激な普及・拡大・進化である。第一の要因は、子どもの生活から「労働」と「役割」を失わせるとともに、「遊び」における集団および自然とのかかわりを希薄なものとした。第二の要因は、「学習」時間の長時間化とともに、放課後生活の学校化・教育化・プログラム化をもたらした。第三の要因は、子どもの「遊び」と「生活」そのものの質を変え、生活の商品化・バーチャル化とともに長時間メディア接触を生みだした。こうした状況の出現は、テレビゲームが発売された１９８３年以降に加速され、１９９０年代の携帯型ゲーム機とパソコンの普及、とりわけ２０００年代に入ってからのケータイ、スマホの普及は、日本の子どもたちのメディア接触時間を大幅に肥大化させ、子どもの生活様式とコミュニケーションの形態をも根本的に変えている。

かつては地域社会のいたるところで、親の労働を手伝う子どもたちの姿や、溜まり場で群れつどい遊びに興じる子どもたちの姿が見られたが、子ども社会の独自性が失われた。地域から消えた子どもたちは、今どこにいるのか。都市部の子どもたちだけでなく自然があふれる農山村部の子どもたちも、自由になる時間の大半を、屋内で、電子映像メディアと向き合って過ごし、塾や習い事のために室内で過ごしている。

産業化社会の進展にともない、伝統的な地域共同体の紐帯が弛緩して、人と人のかかわり・つながりがますます希薄になり、子どもたちが暮らす地域社会の人間関係の基盤そのものの崩壊も深刻化した。すでに紹介したように、ＮＨＫスペシャルで放映された『無縁社会――〝無縁死〟３万２千人の衝撃』を見た、20代、30代の若い人たちが、「将来自分も同じ道を歩きかねない」「自分も無縁死予備軍だな」と、将来の自分自身の姿を見ているような気になったと言っていたことは衝撃的である。[25]

時を同じくして、現代社会の動向を指摘してきた社会学者の山田昌弘が、生涯未婚率が25％を超え、「家族がいない」「家族によるサポートがない人々」の増加に対して「家族難民」と特徴づけたが、[26]「地域と子ども」の中に顕在化しはじめた「難民化」の問題にも注目しておかねばならない。

### （2）「難民化」する子どもたち――「放課後難民」の出現

「地域と子ども」をめぐる今日的問題の一つに、いま各地で話題になっている「放置子」の問題がある。公園で一緒に遊んでいたよその子が自宅までついて来て、家に上がり込み、勝手におもちゃで遊んだり、お菓子を食べ散らかす。はては冷蔵庫を開けたり、物を壊したりする。帰宅を促しても、なかなか帰らず、夜まで居座り、保護者との連絡が取れず、親に放置されている子どもが増えているというのだ。[27]

地域社会のなかに出現してきているこうした子ども、居場所を失った子どもたちの問題を、私は「子どもの難民化」現象と捉えている。それらは「困った子」の問題として語られているが、実は子ども自身が

「困っている子」であり、日本社会が生み出している問題なのだ。

「子どもの難民化」現象の最も顕著な姿は、保育所や学童保育所に入れない「待機児問題」である。共働き家庭の増加とともに、放課後の子どもの安心の居場所として学童保育が普及したものの、学童保育に入れず待機している子どもたち（「放課後難民」）が、1万8789人も存在している（全国学童保育連絡協議会によれば、潜在的な待機児は全く把握されていないという）[28]。

もう少し上の年代になると、自らの意思で「難民」を選んでいる思春期の中高生も出現している。仁藤夢乃さんが書いた『難民高校生』（英治出版、2013年）が話題になったが、彼女は高校生時代、両親とも教師ともうまくいかず、家に帰らず、渋谷の繁華街を徘徊するようになった。彼女にとっての「つらさ」は、「どこにも自分の居場所がない」「自分の居場所がほしい！」ということで家を出たという。

そこには、衣食住に満たされたこの日本社会の中で、子ども・若者たちが心の居場所を失って難民化し、自分さがし・自分づくりの道を彷徨している姿がリアルに表現されている。「若者と社会をつなぐきっかけの場づくり」として仁藤さんがたちあげた少女たちの自立支援事業「Colabo」[29]を必要とする子どもたちが後を絶たないことを見ても、日本の子どもたちの「難民化」は、大きな社会問題といえよう。

子どもの「難民化」問題の本質はどこにあるのか。それは、子育て力や親子関係の歯車が狂った特別な家庭の問題ではない。家庭や地域社会での役割や存在感・必要感を噛み締めることが学校でできず、自分の居場所を失った子どもたち、いわば失業状態の子どもたちの自己有用感・自己肯定感の喪失の問題にあり、居場所を失った大人の失業者問題と地続きである。

「地域社会の空洞化」「社会の無縁化」「家族と子どもの難民化」は、現代日本社会を象徴するキーワードであり、ますます進む少子高齢化のなかで、これから子産み・子育てをしていく若い世代に大いなる不安を与えている。そこでいま、子育てや介護の力が脆弱になっている家族・家庭を支える新しい人間関係、身近な地域でのコミュニティの形成と人々のつながりの回復による「地域子育てネットワークの構築」「新しいヒューマン・ネットワーク」が切実に求められているのである。

## 5．地域ネットワークづくりと子ども支援

地域の空洞化・無縁化の隙間をぬって、子どもを狙った犯罪も多発している。子どもの安全をどう守ればよいのか、親や教師の不安が高まっている。特に、下校時に地域の中で被害にあうケースが急増し、子どもの安全な生活を守りきれない地域環境に重大な弱点があることは明らかである。「地域子育てネットワークの構築」という課題は、地域社会の機能を空洞化させないために、地域に住む人々の「つながり」をつむぎ、各世代の「やくわり」を生み出していくことによって、地域社会が持つ子育て力を維持し高めていくことにある。

振り返ってみると、子育てに向けての地域の力が衰弱していることが問題にされたのは、最近のことではない。戦後の高度経済成長期のひずみが明らかになった1960年代の末から地域の変貌にどう立ち向かうかという課題が追求されてきた。[30] 1970年代には「地域の教育力」の再創造の課題が自覚され、地

域を舞台にした「教育文化活動」や「学校外教育」の必要性が叫ばれてきた。[31]そうした取り組みを踏まえて、私は35年前に『地域づくりと子育てネットワーク』（大月書店、１９８６年11月）という本を出版したが、そこで問題にしたことは少子化時代の子育てにとって地域社会づくりが欠かせないこと、子ども―若者―大人―高齢者をつないだ人と人との新しいヒューマン・ネットワークづくりが不可欠なこと、すなわち「つながり・やくわり」の創造にこそ地域力復活のカギがあるということであった。

その後、『子育て新時代の地域ネットワーク』（大月書店、１９９２年8月）において、地域の変貌と空洞化・無縁化に抗して、医療・福祉・教育・文化の諸領域で模索されているさまざまな子育て支援の取り組みについて領域横断的に紹介しつつ、その教訓を明らかにしてきたが、この35年間は、子育ての地域力創造の努力よりも、地域の崩壊の勢いのほうが急であった。当時は地域の子育て力が衰弱したとはいえ、まだ地縁や血縁に支えられた伝統的な地域のつながりが残っており、地域の文化や芸能の担い手・継承者が老いつつあるとはいえ存在していた。しかし現在、地縁や血縁のしがらみからは解放されたものの、子育てや介護の課題を支えあい励ましあう基本的な「つながり」が失われ、各世代の「やくわり」も不明確になっている。

技や伝統を伝えられる年寄りが少なくなり、何よりも地域の中に若者の姿が見えず、独りでも楽しめる電子メディアの普及により子どもの遊び集団も成り立たない。また企業間競争により長時間の職場労働が常態化したため、働く父母の姿が地域には見えず、いまや家庭そのものまで空洞化の危機に晒されている。「地域の空洞化」さらには「社会の無縁化」「家庭の無縁化・空洞化」に対して立ち向かい、子育て・介護・まちづくりの力を維持・発展させるために、地域におけるネットワーク創造の課題はこれまで以上に求められている。

## 6. コミュニティ創造の原点と子どもたちの復権

### (1) 災害の中にたちあがるコミュニティと子ども

子どもを産み育てる力も、お年寄りを扶養・介護する力も、実は社会的な施設にあるのではなく、その源泉は隣近所が繋がり・支えあって暮らしを営む地域コミュニティの中にあることを忘れないようにしたい。

身近な地域のコミュニティがいかに重要であるかを、阪神淡路大震災、東日本大震災をはじめ、この間発生した災害の中で痛切に教えられた。突然に直面したその困難の中で、被災住民の新しい「縁」と、支援する人々との「絆」が生み出されている。『災害ユートピア』の著者レベッカ・ソルニットは、アメリカの各地で発生した大災害の中では、暴動や略奪ではなく、人々がお互いに支え合い励ましあう特別な共同体が立ち上がっていることを示した。「絶望的な状況の中にポジティブな感情が生じるのは、人々が本心では社会的なつながりや意義深い仕事を望んでいて、機を得て行動し、おおきなやりがいを得るからだ」「通常な秩序が一時的に停止し、ほぼすべてのシステムが機能しなくなったおかげで、わたしたちが自由に生き、いつもと違うやり方で行動できるからにほかならない」とのべ[32]、災害の中にキラリと光るつかの間のユートピアの中に、可能性を認知し、それらを日々の領域に引き込むように努力すべきことを問いかけた。

私たちもまた、日本を襲った大震災の未曽有の危機の中で、コミュニティが立ち上がり、その中で子どもたちが活躍する姿を発見した。予想もしない災害の発生の中で、ライフラインが断絶し、学校教育のシステムが破壊されたことにより、避難所での生活の中で子どもたちの自主性が発揮され、自治的活動を展開する機会が生まれた。同時に地域の人々との交流の機会がつくられ、子どもたちが自らの役割と出番を発見し、コミュニティの重要な構成員として認められ、多くの避難所で子どもが集団的に活躍した。そこに「地域と子ども」の社会参加・参画の可能性を発見する。

震災直後の報道記事（いずれも２０１１年）から、ピックアップしてみよう。

○中学生が避難所（福島県相馬市）でのお手伝いを皮切りに、倒壊した学校から教科書や図書を集めて、臨時の「学校」や「図書館」をつくった（「朝日新聞」3月19日）。

○宮城県亘理町の荒浜中学校では、中学生が「避難所ではただ時間を過ごすより、みんなの役に立ちたいと思った。『ご苦労さま』と声をかけられて嬉しい」と自主的にトイレ掃除やゴミの始末にとりくんだ（「河北新報」3月26日付）。

○宮城県女川町の避難所では、自閉症の中学2年生の少年が特技のピアノ演奏で、避難所の人を癒やすラジオ体操の伴奏をしたり、子どもたちのリクエスト曲にも応えて癒やしの時間を提供して喜ばれた

（「新潟日報」３月26日付）。

○約１８００人もが身を寄せた大規模避難所（宮城県石巻市）で、小中学生と大学生が支援物資の仕分けや配膳・水くみ・トイレ掃除などの切り盛りをおこない、「欠かせない存在」になった（「朝日新聞」４月５日）。

○宮城県気仙沼市気仙沼小学校避難所では小中学生有志が壁新聞（「ファイト新聞」）を創刊し、避難している人々を明るい気持ちにさせた[33]（河北新報７月４日付）。

など、子どもたちの活躍は、その他にもたくさん報道されている。

家を失い、仕事を失い、家族を失い、生きる希望を失いかけていた大人を励ましたのは子どもたちの姿であった。今日、「地域と子ども」に関する危機が叫ばれ、否定的な状況が報道されることが多い中で、震災の中では、かつてなく子どもの主体的な力に注目が集まり、肯定的な子ども像が示された。それらは、「保護の対象としての子ども」、「教育の対象としての子ども」という受動的子ども観からの脱却、市民・住民として子どもの主体性を認め、社会の担い手として子ども参加の意義を確認する能動的子ども観への転換を迫る課題を投げかけていた。

震災の中で子どもたちが示した姿は、そこにつくられたコミュニティのなかで役割を見出し、認められることによって力を発揮できることを証明し、学校内外の教育活動において、子どもの潜在力に信頼を寄せ、自主的・自治的集団活動、社会参加活動の機会をもっともっと保障すべきことを問いかけていた[34]。

## （2）子どもの地域参加の可能性——地域づくりの担い手として期待される子どもたち

子どもたちは、ただ単に大人や社会に守られ、学校で教育を授けられ、未来の社会の担い手として育てられる存在ではなく、幼いながらも現在の地域社会のれっきとした担い手であり、むしろ、大人と社会を励ます存在である。思いもよらぬ被災地での出来事は、子どものたくましさと可能性を見事に証明している。各地の避難所に子どもの仲間集団が復活し、協働の仕事への参加を生み出した。その後も、「いしのまき寺子屋」のとりくみのような震災後のまちづくりへの積極的提案・参加が生み出されている。東日本大震災圏域創生ＮＰＯセンター「こどもたちが創った『未来』の街風景」をはじめ、日本子どもを守る会編『子ども白書』には２０１２年版以降、子どもたち主体の取り組みが数多く紹介されている。

子どもたちの中には、本来的に生きる力とエネルギーが秘められているが、それが今日の地域・家庭・学校生活のなかで、十分に発揮させられていなかったことを知らされる。大被害を受けて、親たち・大人たちは打ちひしがれたが、真っ先に子どもたちが明るさを取り戻し、生き生きと動き回る姿をみて大人が勇気づけられ、再び地域コミュニティを復興するエネルギーを得ている。子どもは地域の力によって育てられるが、同時に、実は地域そのものが子どもたちによって創られていくのである。子どもたちが、元気に遊び生活する姿こそ、地域コミュニティ活性化のポイントであり、未来への希望である。[35]

筆者は、大震災発生直後の被災地を訪ねて取材した取り組みを『蠢動《しゅんどう》する子ども・若者——３・11被災地からのメッセージ』（本の泉社、２０１５年）と題して、震災の中で生み出されてきた子どもたちの実像を1冊の単行本にまとめたことがある。

〝高校生がつくるいしのまきカフェ「　」（カギカッコ）〟は、宮城県石巻市の高校生がゼロからコミュニティカフェをつくり運営するというとりくみだが、オープンにむけての過程で、石巻の特色をいかしたカフェづくりが目指された。石巻の特産物を使った商品開発を追求するために、地元の水産会社や農業生産法人の人々から石巻の漁業や農業について深く学び、その結果、石巻が誇る鯨、秋刀魚《さんま》、鯖などの海の幸やササニシキ、新鮮な野菜など、地元のものを使った手作りのメニューが考案され、石巻の新たな名物となっている。

また「気仙沼高校生団体『底上げ Youth』」は、気仙沼を高校生ならではの視点で観光地として盛り上げたい、という思いからアイデアを出し合う団体である。気仙沼の歴史、郷土料理、伝統文化などを掘り起こし、リーフレットやフリーペーパーを作成して、地元の魅力を発信している。地域内外からの評判もよく、彼ら自身が地元に自信をもつきっかけにもなっている。

ファシリテーターやコーディネーターのサポートがあることを見逃してはいけないが、そうであるにしても、子どもたちも地域の一員として地域社会づくりに参加・参画する意志と能力があることを明確に証明している。住民や行政職員も子どもたちへの信頼感と期待をベースに、じっくりと時間をかけて子どもたちと向き合い、大人と子どもの新しい関係づくりが始まっている。

## 7. 地域における大人と子どもの関係をめぐって

### （1）大人と子どもの関係への注目を

いま多くの地域で、子ども・青年と大人・高齢者の関係が切れており、子どもの世界と大人社会の関係が薄いために、相互のつながりがない。地域コミュニティが子どもたちの成長に果たす役割を考える場合、忘れてはならない重要なポイントは、地域の大人と子どもとの間に緊張関係が創られているかどうかという点である。地域コミュニティが、子育ての力を持ちうるとすれば、それは地域社会の大人たちの中に、子どもを育てる共同の意思（子ども観）とつながり（ネットワーク）が形成されているか、形成しようとしているかどうかにかかっている。子どもを育てる力をもった地域コミュニティを創れるかどうかは、大人自身の取り組み如何《いかん》にかかっているのである。

「子どもの居場所づくり新プラン事業」（文部科学省）や「地域子育て支援拠点事業」（厚生労働省）など、地域のネットワーク形成を促す事業が展開されるとともに、NGOやNPOの手によって、さまざまな子育て活動・青少年育成活動が展開されている。[36] 地域コミュニティそのものの力が衰弱しているときだけに、これらの施策と活動は大いに歓迎されるものであるが、重要なことは、大人主導に終わることなく子どもの要求と声・子どもたち自身の主体的な取り組みを、その中心に位置づけるということにある。

子どもの自治的活動と、地域コミュニティを築き上げる大人社会との間に、協力や共同関係とともに、ときには対立や葛藤をも含む緊張関係が生み出され、その克服のために真摯《しんし》に努力しあう営みが、子どもの地域参加・参画実現へのカギとなる。

### （2）「あてにされる」関係の創造――出番と役割と立場をつくる

地域参加・参画を生み出すメカニズムは何か。それはコミュニティの人間関係の中に「あてにする―あてにされる」相互関係を生み出すことにある。「あてにされる」ということは、子どもの育ちにとっては勿論《もちろん》のこと、大人の生きがいの獲得にとっても重要な要素である。

人間関係の中で、「あてにされる」ということは大きな意味を持つ。なぜなら、そこに自分の出番と役割があり、自分の立場があるということだからであり、立場に付随した責任を持つことになるからである。どんなに小さくとも、人間は「役割」を持ち、「出番」が与えられ、「責任」を果たすことにより、「立場」を獲得し成長していく。家庭でも、学校でも、職場でも、地域社会でも、「あてにする―あてにされる」という関係のなかで、自分は「役に立っている」「必要とされている」と実感できることで、自尊感情と自己肯定感が強まっていくのである。

今日の教育や子育てで失われている視点は、子どもたちは守られ、サービスを与えられる存在ではあっても、「あてにされる」存在になっていないということである。子どもの生活のなかに出番と役割が失われ、家庭と地域社会の中で「子どもたちは失業している」[37]のである。

かつて第一次産業を基礎として村共同体が機能していた時代は、逃れられない児童労働ではあったが「子守り」という仕事があり、「手伝い」という家事労働・生産労働があった。また、村の祭りや伝統芸能の中に、さまざまな形で子どもたちの出番と役割が組み込まれ、子どもたちはあてにされていた。家庭を超えた地域社会の中に、他に変えがたい役割と出番があり、子どもたちは「あてにされる」存在だったのである。

幼い時から、役割を果たす年長の子を見てまねをし、始めは小さな役割から、次第に少しずつ大きな役割を獲得しそれをやり遂げていくこと、すなわち「状況に埋め込まれた学習[38]」によって、子どもたちは成長し、共同体の一員としての参加・参画の度合いが強まっていったのである。個人・世代・コミュニティの関連を包括的に考察したバーバラ・ロゴフが言うように「人間は、自らの属するコミュニティの社会文化的活動への参加のしかたの変容を通して発達し……そしてコミュニティもまた変化する[39]」ことに注目しておかねばならない。

いまなぜ地域の子育てネットワークが必要なのかといえば、地域社会の中に子どもたちの役割と出番を生み出し、子どもたちの知恵と力を「あてにする」人間関係を創り出すためであり、子どもたちの成長・発達と地域コミュニティの発展を統一的に推進するためである。

### (3)「子どもの居場所」の再考――「子どもの領分」との違い

#### i「子どもの居場所」という名の「いさせられ場所」になっていないか

子どもを取り巻く地域環境への不安が増す中で、子どもたちを「地域の子」として見守り育てていくことが注目され、いま全国各地で、行政・NPO・地域住民によって、さまざまな「子どもの居場所」づくりがすすんでいる。大人の善意にもとづくこうした取り組みは、子どもたちへの素晴らしいプレゼントであり、大いに歓迎すべきものだが、大人の手によって作られた安心・安全のための「子どもの居場所」が、実は大人にとっての安心であり、子どもにとっては安全に「居させられている場所」になっていないかどうかを見つめなおす視点も必要ではないか。また大人が子どものためにと用意した遊びのプログラムや遊具も、本当に子どもたちが求めているものなのかどうかも問う必要がある。

子どもにとっての地域社会は、大人によって活動の場所や内容が決められ、枠づけされたものではなく、自分たちの手で遊びを展開していく場であり、学校や家庭や情報メディアによって与えられる文化と違い、子どもたち自身が文化をつくり出し、自由に改変しながら生活圏を拡大・獲得していく「子どもの領分」としてとらえることが大切だろう。

子どもたちは、協力・協働とともにケンカやトラブルを体験しながら、遊び仲間として大人からは独立した自由な世界（子ども社会・子どもの領分）をつくりあげていく。家庭や学校と違って、このような子ども社会・子どもの領分では、日々の暮らしの中で、必ずしも「教育的」ばかりではない人間同士のかかわりを学んでいく。いじめたりいじめられたり、悪態をついたりつかれたり、小さなトラブルは日常茶飯事である。いろいろな人間と付き合い、人との関わりにともなう嫌な思いも経験する。悔しい思いをしたり、勝ったり負けたりし、それでも一緒にまた遊びの世界を共有する。そのようなプロセスの中で、自分の身を守り、仲間の中での自分の立場や役割を見つけ、地位を築き、子ども集団の秩序と自律を生み出していくのである。

### ⅱ「子どもの領分」の中にある人間形成力

戦前は生活綴方教師として、戦後は児童福祉や子ども会活動のパイオニアとして活躍した鈴木道太は、『いたずら時代の人間形成』（新評論、１９６９年）と題して、自らの少年時代の体験を振り返り、地域を舞台にして繰り広げられる野性味あふれる子ども集団の姿を活写した。

遠藤ケイの少年時代の体験にも重なる子ども社会・ガキ大将集団のポイント、すなわち「いたずら時代の人間形成」の原理とは、自然発生的な異年齢集団がもつ人間形成力にある。その内容は、①子ども同士の手ほどき（教育）の厳しさと配慮、②矛盾・葛藤・対立（ケンカ）による社会性の錬磨、③規律・制裁（組ぬかし・のけもの）による自己中心性の克服、④ガキ大将（リーダー）の資質、資格、条件と仲間の掟《おきて》・ルール、⑤ギャング期の子ども集団と大人社会との確執のリアリティ、⑥いたずらへの容認と否定、⑦大人社会のまねごと遊びと、伝統文化の継承などである。

このような子ども社会の相互教育力や、子ども集団のなかで学びとる人間関係形成力は、決しておとなが言葉で教えることができないものである。大人による見守りや配慮が届かない子どもたちの独自な世界、異年齢の子ども集団による人間性の練り上げ、「子どもの領分」に組み込まれた人間形成力といえるだろう。そしてそれらは、家庭や学校環境がどんなに教育的に組織されようとも、地域環境がどんなに立派に整備されようとも、「子どもの居場所」が「居させられ場所」に留まらないための視点として、見失ってはならないものだと思うのである。

### ⅲ「子どもの仲間集団・子ども社会」への注目を――子どもの姿を映すカガミとして

家庭での支援、学校での指導がどんなにうまく協力・連携しあっても、それだけでは十分とはいえない。子どもたちの本当の姿、子どもらしい素の姿が表現されるのは、実は子ども同士の関係の中で示されるからである。親もいない、教師もいない、子どもだけの生活の中で、我が子がどういう行動をとり、どういう人間関係をつくっているのか、その姿をとらえることが特に重要な視点であろう。子どもは、子どもの仲間集団・子ども社会の中で、もっともその子らしい姿を示しているが、子ども社会は大人からは見えにくい。学校の中にも教師には見えにくい「裏社会」として子ども社会が存在しているが、子ども社会の最もリアルで活発な姿は、放課後の地域での仲間関係の中に現れる。だから子どもの生の姿、素の姿を捉える「地域のカガミ」が必要であり、そこに目を向ける必要があるのである。子ども同士の「いじめ」による深刻な事件が突然発生してしまうのは、「地域のカガミ」が失われ、そこに映る子どもの姿が日常的に見えなくなっているからではないか。

かつて地域には自然発生的な子ども集団があり、日本中の路地裏や河原や神社の境内に遊びの世界を展開する「ガキ大将集団」という「地域のカガミ」が存在していた。地域の若者や大人たちの生活や生産の共同が濃密に息づいていた時代には、大人社会との緊張関係の中に子ども集団・子ども社会があり、子どもたちの姿を映す「地域のカガミ」は子育ての中に大きな位置を占めていたのである。

### iv 「地域と子ども」問題の焦点――失われている〈子どもとおとなの緊張関係〉

今日の子育てにとって重要なのは、子どもの自治と自律性が尊重された「子どもの領分」・「子ども社会」の復権にあることを指摘してきた。大人に保護され、教育され、上手に遊んでもらう「居場所（居させられ場所）」ではなく、子どもたち自身が自分たちで取り仕切っている自律的な世界、お互いの行動を律する決まりをつくり、それを守り合い、大人社会にも対抗する「子どもの領分」獲得のプロセスに注目しておきたい。そこには、子どもたちが大人に育てられるだけではない独自の自己教育力・相互教育力があるからである。

とは言っても、子どもたちは決して「清く、正しく、美しく」育つわけではない。少し気を緩めると、とんでもないワルサやイタズラをしかねない存在でもあり、羽目をはずさないように地域社会の大人たちが目配りし、いさめる共同のまなざしが不可欠になる。それらは〈子どもとおとなの緊張関係の構築〉といえるものだが、その点が今日の「地域と子ども」のテーマにおいて、もっとも失われているものである。「陣地近くの墓場で、チャンチャンバラバラやっていても、そばを通る大人は『また、やっちょる』くらいに見てくれた。悪童は悪童で限度をわきまえ、田植えのすんだばかりの田んぼを荒らすことは、理由のいかんを問わず、絶対のタブーだった。子供が限度をわきまえることを覚え、大人は子供の領分を侵さない。そんな信頼関係の上で、悪童たちは自由闊達、自由奔放にあそびまわることができたのである」[40]というように、かつては、子ども社会と大人社会との〈緊張関係〉のリアリティーの上に、子どもの領分・子ども社会の教育力が存在していたのであり、かならずしも地域の大人たちに子どもへの理解があったわけではない。はらたいらが少年時代を過ごした当時とは、地域社会の自然環境も人間関係も大きく変わってしまった現在だが、しかしそこには子育て環境づくりへの重要な視点と教訓が秘められていると思うのである。

「子どもの居場所」をつくることによって、大人が環境を整え、安全に、上手に子どもを遊ばせ楽しませることはできるだろう。しかし、それだけでは、子どもたちに活力は生まれない。本当に面白い子どもの遊びは、大人の手のひらから飛び出し、冒険と挑戦のできるスリルに満ちた空間、巧みに駆け引きをしながら大人社会にも対抗できる自分たちの領分をかちとることにあるのではないか。

是枝裕和監督の『万引き家族』に、駄菓子屋のオヤジが祥太少年の万引きに気づいていながらも「見て見ぬふり」をしていて、祥太が妹ゆりにも万引きをさせようとしたときに「妹にはさせるなよ」と言って諭す場面が描かれている（実はこのシーンが「万引き家族」の祥太を社会につなぐ最も重要な場面になっている）。今日求められているのは、子どもを見守りつつも放っておくこと、見て見ぬふりをしつつもつねに緊張関係をもって子どもたちと関われる大人社会の側のまなざしとかかわりの構築にあることに気づかされる。

## 8．子どもの地域参加・参画の可能性を探る

### （1）市民ＮＧＯ／ＮＰＯによる様々なとりくみ

#### ⅰ遊び場・仲間集団づくりに見る子ども参加の可能性

「地域と子ども」の問題、子どもの社会参加・参画の可能性は、市民ＮＧＯ／ＮＰＯによる様々な子育て支援のとりくみの中に見出せる。[41]

たとえば、子どもの遊び場づくりや遊び仲間・集団づくりに関しては、「冒険遊び場」と「子ども会・少年団」をあげることが出来よう。公的に準備された公園や児童遊園では施設の管理が厳しいために、子どもたちが自由に穴を掘ったり、火を燃やしたり、小屋を造ったりできない。しかし、ノルウェーで始まったアドベンチャー・プレイ・グラウンドに学んだ市民参加による「冒険遊び場」づくりの取り組みでは、子どもたちが自分たちの手で主体的・能動的に遊び場をつくり変え、わくわくする冒険の世界を展開できるような援助がなされている。[42]

また、子どもの遊びや集団活動を育てる「子ども会」や、ピオニールの流れを受けつつもそれを日本的に改革した「少年少女センター」のとりくみでは、地域の中に子ども自身の自治組織を育てることを通じて、子どもたち自身で遊びや祭りやキャンプを企画し、楽しい生活を創造する主体になることが追求されている。また、これらの取り組みは、いずれも地域社会をフィールドとしていることから、親や住民の参加と地域社会づくりと密接に結合していることが特徴である。[43]

### ii 「子どものまち」の取り組みにおける子ども参加・参画

1979年にドイツのミュンヘンで始まった「ミニ・ミュンヘン」をモデルに、日本でも千葉県の佐倉市(2002年から継続開催)をはじめ、子どもたちで模擬的な「まち」を運営する「子どものまち」づくりの取り組みが全国各地で行われている。[44] これらの取り組みの中では、さまざまな商店とともに市役所や銀行、警察署、清掃局などの公共部局も設置され、子ども自身が協力しながら、「まち」を機能させていく。子どもが役割を持って仕事に取り組みながら、自治的に「まち」の機能を運営し、社会の仕組みや仕事を体験できるというものであるが、そこには、楽しみや遊びの要素が含まれていると同時に、問題・課題に直面したときの緊張感や、役割自覚、やり遂げたときの達成感を通じての子どもの学びが大きな位置を占めている。

これらの取り組みは、年に一度のイベントだが、それを準備する過程は、1年を通じて継続して行われており、子どもを支える住民の共同が作られ、地域社会の発展にも大きく貢献している。

子どもを主人公にした地域活動をめざす市民NGO/NPOの取り組みは、活動の企画段階から子どもの声と主体性を重視し、子ども自身の参加・参画を大切にした取り組みが継続的に追求されている。それらは、子どもの権利条約の第12条（意見表明権）や子どもの遊び・文化権（第31条）を重視した日常的な取り組みとしても注目しておきたい。

### iii 子どもが心を開くとき——遊びがもたらす解放感への注目を

子どもたちが心の中に抱えている不安やストレスは、外から見えるものではない。子ども自身にも、うまく言葉にできないことも多いであろう。それらを聞き出し理解するには、多くの手間と時間がかかる。「不安感」を抱えた子どもへの援助においては、時間をかけて、寄り添い・共に歩む生活の中で、いつどのような形で、どこで表出してくるかも分からない情報を機敏につかむことが大切である。

子どもの貧困への取り組みとして「要町あさやけ子ども食堂」をオープンさせた栗林知絵子さん（NPO法人豊島子どもWAKUWAKUネットワーク理事長）は、プレーパークで出会った気になる子どもたちについて、紹介する中で子どもとのかかわりにおいて子どもが内面の苦悩を表出できるようにする最も良い方法としては、「遊び」を重視することが大切だと示唆している。遊びは子どもの心を解放する力を持っているからである。そして同時に、子どもの主体性を引き出し、自己肯定感を取りもどす力も持っている。子どもの心の内にある想いや願いが顔を覗《のぞ》かせる時、それは子どもたちが思い切り身体を動かし、心を解放できた時に、その隙間からそっと漏れ出すものだからである。

プレーパークと同時に子ども食堂を開始した栗林さんの取り組みに学ぶならば、いま全国各地に広がっている「子ども食堂」は、子どもの食と居場所を保障するだけではなく、子どもたちを支える地域の人々との間に新しいヒューマン・ネットワークを生み出し、子どもたちの地域参加・参画の一つの有力な拠点となっていく可能性がある。

### （2）板橋区の小学生たちの遊び場陳情が提起するもの

#### i 遊び場がなくなった

「地域の子ども」の社会参加・参画の可能性は、以上のような継続的・組織的なとりくみの中だけにあるのではない。子どもたちの生活に目を向け、子どもたちの声に耳を傾ければ、日常のさまざまな生活のなかに、子どもの地域参加・参画の可能性が潜在的に眠っていることに気づく。

その一例を東京都板橋区の小学生たちが、２０１９年に約1年にわたって取り組むことになった、自分たちの遊び場獲得の「いきさつ」の中に見てみよう。そこには、「子どもの地域参画」にむけての大切な教訓がぎっしりと詰まっている。[45]

小論の冒頭に取り上げたように、子どもたちの騒ぎ声は「騒音だ」という住民や、公園でのボール遊びは危険だからといってすぐに禁止する行政的対応が多い中で、板橋区での出来事は、深く考えさせられることが多い。

その「いきさつ」とは、次のようなことである。2019年の2月、小学5年生のサッカー少年8人のグループが、毎日自由にサッカーボールで遊んでいた廃校跡の校庭に、区が児童相談所を建設するということで、突然使用禁止の張り紙が出された。

困った子どもたちは、ボランティアセンター（廃校の校舎に入っていた）の顔なじみの職員Kさんに文句を言いに行った。このあとも、子どもたちの相談にのり、いろいろな支援をすることになるKさんは、「不満があるなら、区に伝えるしかないよ」とアドバイスをする。

さっそく区役所に出向いた子どもたちは「区長への手紙」という制度があるのを知り、今までと同じように遊べる広場が欲しいと区長に手紙を書く。後日届いた区長からの返事は、形式的なものであり、ボール遊びができる区内のほかの公園を紹介する通知であった。子どもたちが実際に紹介された公園を調べたところ、それらはどこも狭いところであったり、サッカーボール禁止であったりして、希望が断たれた。

**ii 陳情書の提出とその後**

納得できない子どもたちは、再びKさんに相談して一緒に要望が実現する方法を考える。その中で、区に正式に「陳情書を提出する」方法があるということを知り、紹介された区議会議員のアドバイスを受けて陳情書をまとめ上げ、区議会に提出した。「子どもの遊び場についての陳情」の中には、次のような項目が並んでいた。
①○○公園の利用時間を延長してください。
②○○公園のグランドの団体予約を一定の日にするなど、一般開放を使いやすくしてください。
③小学校の校庭の平日利用を可能にしてほしい。
④子どもの意見をもっと聞いてほしい。
⑤サッカーや野球など思いっきり出来る場所を増やしてください。
子どもたちの要望は具体的である。たとえば①の項目は、自分たち小学6年生の下校時間は15時15分から15時30分なので、公園の利用終了時間が16時30分では、ほとんど遊ぶ時間がないので、17時30分まで延長してほしいというのだ。

子どもたちの陳情書は、12月に委員会で審査が行われ、①、③、④、⑤は採択され、②については「予約の締め切り日などについて継続審査」となり、板橋区議会の本会議で決定され、その内容と結果が子どもたちに伝えられた。

特に④、⑤については、板橋区の全庁で取り組むとし、子ども政策課課長A氏は次のように語っている。「限りあるスペースを、子どもたちの遊び場に集中的にあてるのはなかなか難しく、公園であれば地域の住民の方との合意形成、スポーツ施設であれば登録団体との調整など課題はありますが、遊び場を充実させられるように、協議しながら進めていきたい」と。

約1年にわたる取り組みの中で子どもたちは6年生になった。陳情の結果を聴いて子どもたちは次のように喜びと感想を語っている。「大人はこうやって話し合って決めているんだと知ることができた。行動しなければ現状は変わらなかったと思うので、がんばってよかった」と。

その後板橋区の取り組みはどうなったか。２０２０年９月、中学生になった少年たちが保護者、先生、地域住民の参加のもとで「報告会」をひらいている[46]。

公園の利用時間延長などは実現したが、子どもの意見を聞く取り組みが進んでいないことに不満を感じている。しかし子どもたちは、僕たちの後に続く世代のためにも頑張ると言っている。この報告会に参加した大人たちからは、今後はまちづくりに子どもの意見を取り入れてもらうには何ができるかについて、大人の意見も聞きながら考えていくと言い、板橋区の子ども政策課の担当者は「コロナの影響で、外部委員が入る子育て関連の会議が開けず、まだ具体化していないが、今後も進めていく」と話し、この問題に継続的に取り組む姿勢を見せており、さらに今後の行方が注目される[47]。

### ⅲ地域参加・参画は子どもの権利

板橋区の子ども陳情のいきさつは、東京新聞Ｔｏｋｙｏ Ｗｅｂが11月５日に子どもたちの取り組みを取り上げ、日本テレビの朝の番組「スッキリ」が、区議会に陳情書を提出した直後の11月22日に取り上げ、好意的に報道した。その後、マスコミ各社の報道の後押しと世論の注目の高さもあり、区議会の議員も行政担当者も子どもたちに向き合う姿勢を示さざる得なかったと思われる。

子どもたちの要求にそった遊び場の実現という「板橋区の子ども陳情の取り組み」を子どもの権利条約の視点にもとづいて読み解くとつぎのような教訓が見えてくる。

まず第1は、子どもたちに強い願いがあり、それを実現したいという切実な要求と集団的な力（子ども集団の支え合いと仲間意識）があったということである。

第2は、子どもの声を受け止め、相談にのり、要求を実現していくための見通しを適切にアドバイスした大人（ボランティアセンターのKさん）が身近にいたということである。子どもの具体的な要求にねざし、子どもの率直な声を聴きとり、子どもにとって一番いいことを考える姿勢は、子どもの権利条約の「最善の利益」（第3条）と「意見表明権の保障」（第12条）の具体化のプロセスである。日々の生活の中で子どもたちとKさんとの間に「つながり」が紡がれていたということも見落とせない重要な要素であろう。

第3に、子どもとかかわるKさんのサポートの姿勢が、子どもたちの主体性に配慮しながら、一緒に考え・伴走する・ともに歩むというスタンスであることが教訓的である。

そして第4に、子どもの陳情書を、子どもであっても市民の声としてまっとうに扱い、真摯に検討しようとした議会と行政の姿勢も重要である。子どもに対する大人たちの取り組みが、子どもの権利条約の精神に合致していることが重要な点と言えるだろう。

大人に与えられるのではなく、自分たちの希望・強い要求を基礎にして自らの手でかちとって行くこと、要求を実現していくプロセスこそが地域参加・参画の実践といえる。

## 9. 子どもの参加・参画論に学ぶ

### (1) 参加と参画の用語について

子どもの参加については、すでに1970年代の後半から「青少年と社会参加」に関する国の政策が打ち出されており、国連で子どもの権利条約が採択(1989年11月)されてからは〈子どもの参加の権利〉への関心が高まるとともに、ロジャー・ハートの『子どもの参画――コミュニティづくりと身近な環境ケアへの参画のための理論と実際』が翻訳・紹介されてから、注目が一気に進んだ。前者の政策としての青少年の社会参加は、奉仕活動やボランティア活動を推奨する「奉仕としての社会参加」であったのに対して、後者の権利条約では「権利としての社会参加」を明確に位置づけるものであった[48]。

小論では「参加」と「参画」の用語と概念について特に説明することなく「子どもの地域参加・参画」として使用してきたが、改めてその点について触れておくと、「参加」も「参画」もparticipationの訳語であり、基本的に同じであるが、「参画」は子どもの権利主体性を明確にした〈権利としての社会参加〉を意味する概念として使用してきた。

ロジャー・ハートの本の翻訳者の一人奥田陸子は、原文のparticipationを「参加」と「参画」に使い分けた理由を、「いままで対等に扱われていなかった立場から積極的、自発的に参加しようとする場合には、……『参画』の方がその意味はよく理解できよく伝わるように思います」と述べ、意見表明の権利、表現の自由の権利をもった一個の人間として、主体性をもって子どもが社会に参加していくことを「参画」の用語に込めたと述べていた[49]。今日でも様々なボランティア活動など政策的な社会参加の取り組みが広く行われているので、〈権利としての社会参加〉との違いを明確にするために、奥田が提起する用語の使い分けに基本的に同意したい。

２００２年5月に「国連子ども特別総会」が開催され、国連本部に集った世界の子どもの代表によって「子どもにふさわしい世界」が発表されたが、そのキーワードは〈子どもの参加〉であった。ユニセフの『世界子供白書』も２００３年版で[50]〈子ども参加〉を特集し、世界の子ども問題を捉え、問題解決に向けての視点・キーワードに「若い市民（Young Citizens）」の「参加（Participation）」の概念を据えている。『世界子供白書』では、①子どもたちは、「参加する機会があれば自分たちの周りの世界を変えられること」を証明してきた」だけでなく、②「おとなの理解を豊かにし、おとなの行動を前向きにするようなアイディア、経験、洞察力を備えている」と述べていた。

「市民としての子ども」の「権利としての参加」こそが「子どもの地域参画」というテーマを解明していく上での基本概念であり、小論で紹介してきた「板橋の子どもたちの陳情」も、被災地において『蠢動する子ども・若者』のさまざまな取り組みも、まさに「市民としての子ども」の「権利としての参加」＝参画の具体化と言えるのではないだろうか。

## （2）コミュニティづくりと子どもの参加・参画

ロジャー・ハートの本は、その本のなかに比喩的に示されていた「参加のはしご」に注目が集まっているが、この本の主たるテーマはサブタイトルにあるように「コミュニティづくりと身近な環境ケアへの参画のための理論と実際」であり、環境教育学・発達心理学者である著者が、ユニセフの協力を得ながら世界各地に直接足を運び、現地の取り組みをつぶさに調査し、とりわけ「子ども自身へのヒアリング」に基づいて執筆したものである。我々日本人にとって情報の少ないラテンアメリカやアフリカ諸国における人権擁護の取り組みが、子どもたちを単なる保護や提供の対象としてではなく、ダイナミックな参加実践の主体として位置づけて、コミュニティづくりの取り組みが展開されていることに認識を新たにさせられる。この本で紹介されている実践活動を見ると、身近なコミュニティづくりにおいて、日本の子ども以上に、子ども参加・参画が位置づけられていることに驚かされる。

身近な環境のケアとコミュニティづくりに子どもの参加を位置づけるロジャー・ハートの問題提起の意義は、第1に、環境・開発会議で提起されているアジェンダ21、ローカル・アジェンダ21の具体化である「持続可能な開発を目指したコミュニティづくり」がメインテーマである。大人とともに子どもが直接民主主義的にコミュニティづくりに参加する体験を重ねていくことにより、「新しい種類の開発を実現させる能力」を育て、今日の世界を支配しているグローバリズム・競争主義の世界戦略に対して「文化的反抗」を行いながら、新しい21世紀の地球社会をどう創造するかが構想されている。

そして第2に、環境問題と子どもの参加という二つの課題の統合による新しい学びの方法の提起にある。まず自ら日常生活圏の問題に目を向け、現場でそれを綿密に調査・研究すること、さらには困難や失敗も含めてその全プロセスを通じて学ぶことが教科書中心の抽象的な学びとは異なる新しい教育原理になるという考え方である。

ユニセフは現在、国際戦略として「子どもに優しいまちづくり」を展開している。そこでは、国連子どもの権利条約の骨格である「子どもの最善の利益の確保」（第３条）、「生命・生存・発達の権利」（第６条）、「子どの意見の尊重」（第12条）を子どもに保障するために、自治体が取り組むべき課題として、①総合的な子ども計画の策定、②子ども計画を実施しモニタリングするための子どものための特別部局の設置、③子どものための特別予算措置、④独立した子どもの救済制度の設置、⑤意思決定プロセスへの子どもの参加などを掲げている。[51]

子どもへの犯罪が多発し、地域社会の安心・安全の確保が問われるとともに、子どもの居場所づくりや子育て支援の課題がクローズアップされているいま、「子どもに優しいまちづくり」はわが国に於いてもメインテーマであり、子どもの地域参加・参画の実現は、「子どもに優しいまちづくり」にむけての中心的な課題なのである。国連子どもの権利委員会から日本政府に対して出された最新の第４・５回最終所見においても、「地域社会において、環境に関する事柄を含むすべての関係する問題について、すべての子どもにとって意義があり、その力を伸ばし、発揮させるような参加を積極的に促進すること」[52]が指摘されており、与えられた「社会参加」ではなく、自発的な参加・参画により子どもたちの成長発達につながるような参加・参画のあり方が求められているのである。

# 四．子ども・子育ての課題は何か

## ——家庭・学校・地域社会をつないで

### 1．学校外の子どもの生活と文化にも目配りを

夏の「教育のつどい」に共同研究者として20年ぐらい関わってきました。２０１８年の集会で、70歳定年で共同研究者を辞めるまで参加をしてきまして、私の印象としては、最初の頃の分科会は「文化環境・文化創造と教育」という間口の広い分科会であったこともあり、レポートの数が多かったのです。しかしだんだんレポートの数が減ってきました。しかも、学校の外の取り組みとの関わりのレポートが減ってきた印象をもっています。そこで昨日、『日本の民主教育』というつどいのまとめ集がありますが、それを本棚で探して見てみました。そうしたら、１９９１年の『日本の民主教育』（１９９０年度の埼玉集会のまとめ）では24本のレポートがあり、その次の92年では30本のレポートがありました。そのまとめの最初には、レポートの数が多いのでどのように分科会を進めていいのか苦労しているという記述がありましたが、２０１８年はわずか10本でした。そのうち5本が図書館活動なので、ほとんど文化活動、ましてや地

域の文化活動などのレポートは見られなくなりました。

教師の多忙化が非常に進んで、学級の文化活動、学校の文化活動がなかなかできにくい、子どもの自主的な文化活動にねばり強くつきあって取り組みをするということができにくくなってきたというふうに思います。そして、地域に出ていく機会が少ない。最初の頃は、地域でミュージカルをやるとか、地域の伝統的な祭りに参加するとか、ある先生はねぷたまつりにねぷたをつくって子どもと参加するといった報告がありましたが、そうした文化活動はほとんど見られなくなりました。言葉が正確かどうかわかりませんが、教師が学校にひきこもっている、ひきこもらされている、という感じがするのです。ですから、学校文化を相対化するための機会、地域の方々と出会って、学校の文化はそれでいいのかということを問い直すような機会が非常に少なくなったのではないかと思っています。

また一方では、教育のつどいと並行して、私は全国学童保育連絡協議会の全国集会にこの20数年参加していますが、私の学童保育の印象では、いつの間にか子どもの放課後が学校化してきています。宿題が多い、それから帰りが遅い、そして子どもたちはランドセルを背負って学童保育に帰ってくると、ランドセルを放り出してしばらくゴロンとして疲れをとらないと学童保育の取り組みに参加できない。取り組みに参加しても、学童保育の指導員たちが「宿題が終わってから」と言うので、いつの間にか宿題の時間が長くなって、ほとんど遊ぶ時間がない。そういう中で、学童保育の指導員さんたちが最近口々に言うのは、「子どもたちの乱暴、暴言、暴力が目立つ」ということです。

２０１９年８月の末に『静かだったら、学校と同じじゃん』（新日本出版社）という本を学童クラブにかかわった石田かづ子さんと一緒に出版しました。元養護教諭の石田さんが学童クラブに初めて見学に行ったところ、学童の子どもたちがおやつを食べる時間だったらしいのです。見ていたら、おやつを配られたテーブルから3年生の男の子の前のおやつがポロッと床に落ちたのです。石田さんが近寄って行って「あら、おやつ、落ちちゃったわね」と言った瞬間に、その子から言われたひと言が衝撃的で、この本ができあがったわけです。その小学生が「てめえの仕事だろ、拾えよ!」。そう叫んだというのです。こういう言葉は、学校では聞かれなかった。学童保育の子どもたちの荒れの状況について衝撃を受けて、その子どもとどうねばり強くかかわっていったかという実践記録です。

学校の外の子どもたちの生活も大きく変わっています。1991年、私がこの「教育のつどい」に参加した頃は小学校の数は全国で2万余でした。その時、学童保育は約7000でした。ところが2018年の調査では、1万9000の小学校に対して学童保育は3万を超えています。支援の単位としての学童保育は近いうちにおそらく4万を超えるでしょう。今や学童保育の方が2倍も多くあるのです。ですから、学校と学校の外の子どもたちの生活をセットで捉えないと、子どもの実態はつかめません。今日は「教育のつどい」ですから、学校サイドから子どもたちを見ていると思いますが、子どもたちが学校の外でどういう姿を示しているのか。それを学童の指導員さんたちは受け止めているわけですが、学校の先生方と学童保育の指導員さんたちが一緒に集会をやって、子どもたちの姿をそれぞれ出し合えば、もっともっと豊かに子どもたちの状況が見えてくるのではないかと思っています。

## 2．日本の子どもの問題とそれをとらえる三つの資料

さて、そのことを前提としつつ、今、日本の子どもたちはどうなっているのか、いくつか問題提起をしたいと思います。一つ目は、日本の子どもたちの自己肯定感や幸福感の低さと孤独感の高さです。これはすでにユニセフの調査でいろいろ語られていますし、様々な資料で紹介されています。日本の子どもたちは圧倒的に自己肯定感が低いし、自分は幸福だと思えないと感じている子どもが約5割というふうに、その調査では出されていました。こうした問題をどう考えるのかということです。

二つ目の大きな問題は、「疲れとストレスを抱えている」ということです。日本の子どもたちが学校で疲れとストレスを抱えている。そのストレスと疲れが、学校の外にもちこまれ、家庭にももちこまれている。そういう状況の中で、今、日本の子どもたちが育っているのではないでしょうか。私の研究分野は、どちらかというと学校の外の社会教育の分野から子どもたちを見てきましたが、その視点で日本の子どもたちを見ると、日本の特徴は、「子どもの自由世界」が縮小しているという問題だと思うのです。自由世界というのは、自主的な時間を活用できるかどうか、主体的に選択できる活動をしているかどうか、あるいは自治的な活動を運営しているかどうか、ということです。そういう意味で、子どもの自由世界がますます縮小しているのではないかと思います。

日本の子どもたちをめぐる諸問題を全体として事実に基づいて捉えるために三つの資料をみなさんに紹介します。子どもたちの実態との関わりで深めていただきたいと思います。一つ目は、『子ども白書』で

す。1964年から「日本子どもを守る会」が発行している『子ども白書』は、半世紀を重ねてきました。ちょうど2019年版（55冊目）が発行されましたので、ぜひご覧いただきたいと思います。子どもの命と健康から環境まで、10の領域の子ども実態が書かれている、この『子ども白書』の特集は、「子どもの権利条約30年のいま」ということですが、「子どもは『生きて』いるか」というメインタイトルをつけています。本当に今、日本の子どもたちは、いきいきと生きているのだろうかという問いかけがなされていて、そうした視点に基づいて、様々な分野の子どもの実態が報告されています。

二つ目は、この集会の討論の呼びかけにも触れられていましたが、国連に提出した「子どもの権利条約市民・ＮＧＯの会」のレポートです。「市民・ＮＧＯの会」は堀尾輝久さんが会長で私も共同代表の一人ですが、総力をあげて、日本の知恵を結集して、国連に日本の子どもの権利保障の実態をまとめて報告しました。この冊子のタイトルが「日本における子ども期の貧困化」です。日本の子ども期がいかに貧しくなっているのかということです。日本の子どもの実態を捉える上で第一級の資料だと思いますが、この報告書を開きますと、ここに集約的に日本の子どもたちの実態が書かれています。

三つ目は国連からの最終所見です。この中には日本の「市民・ＮＧＯの会」がまとめた、このレポートの問題提起が反映されていますので、こうした市民の取り組みが非常に重要だと思っています。

日本の子どもたちの意見表明を保障する仕組みをつくれとか、日本の子どもたちは競争的な教育制度の中で歪められているのにとどまらず、社会の競争的な仕組みが抑圧的になっているという話がこの最終所見の中に出てきますが、実はその中身は「市民・ＮＧＯの会」がまとめた報告書の重要なポイントでした。

その部分を読み上げてみますと、「社会全体が抑圧的になり、過度の競争環境のもとで、子どもの人間的な成長・発達が歪められ、子どもたちは、幼児期から親の目を気にし、幼児保育の学校化がすすみ、学校では学力テストを意識し、自分のだけではなく、クラスと学校の順番を気にし、仲間はずれにならぬように気遣う。そこでは主体的な学びの権利と、自由な遊びの権利が奪われていく。また、そこからくる抑圧的心性は、ときに外へ（いじめ、校内暴力）など、時に内へと向かい（不登校、自殺）、自分自身の充足感（well-being）がもてず、豊かな内面を育てる自由な空間と時間と人間関係が奪われている」というふうに集約しています。「子ども期の喪失」、子ども時代の剥奪ということが、日本の子どもたちの特徴であると。日本の「市民・ＮＧＯの会」の報告書を国連に伝え、国連もそうした日本の子どもの実態や様々な報告書を検討して、最終所見の中に学校の教育制度にとどまらず、社会そのものが競争的・抑圧的な関係になっているということを指摘していると思います。今ご紹介した、①日本子どもを守る会の『子ども白書』、②「市民・ＮＧＯの会」の報告書、③国連の最終所見の三つをご検討いただいて、これからの実践にお役に立てていただければと思います。

さて、この報告書の中身にひと言だけふれるとすれば、「市民・ＮＧＯの会」の報告書の中にドキッとする言葉が書かれていました。それは、「日本の全ての子どもたちが、警戒的緊張状態にある」、警戒的緊張状態が日本の子どもたちの特徴なんだ、という指摘です。特に、子どもの身体の問題を研究してきた方たちが、大脳の新皮質における興奮と抑制のバランスが大きく崩れて、子どもたちが外界からの刺激に対して常に緊張状態が強いられていて、いわば臨戦態勢状態に入っている、と指摘しています。そこにちょっと触れると爆発する、キレるというような状態。これを警戒的緊張状態という言葉で表現していますが、今の子どもたちの実態を私たちがどう見るのかという時に、このキーワードは重要なのではないかと思っています。

## 3. 親子関係に浸透する歪み――貧困と競争主義

もう一つは、日本の子どもたちにおける親子の愛着関係、大人と子どもの愛着関係の形成が非常に困難になっていて、発達上の困難を抱えているという点です。家庭で、あるいは地域で、学校で、子どもがどうも満たされていない。そういった状況が起こっているということです。この点と関わっては、おそらく親たちが不安定な労働環境、長時間労働の中で精神的なゆとりを失っていることに問題があると思います。同時に、親の孤立化、家庭の密室化が進んでいるのではないでしょうか。様々な問題が起こっても、なかなか外に出せない。子どものひきこもりの悩みは、子どもが50代過ぎてもまだ悩みが続く、というような問題が起こったり。そして親自身が新自由主義改革の中で「自己責任」が問われ、追い込まれているという問題があるのではないでしょうか。日本の子どもたちが貧困な環境の中で育てられている。「子どもの貧困」がキーワードになって久しいですが、決して子どもの貧困問題は解決されず、その数値は横ばいですし、特に貧困は所得の問題にとどまらず、子どもらしい生活が与えられていないところに非常に大きな問題があると思うのです。そういう点で、「子どもの貧困」の視点を持ち続ける必要があるでしょう。

　そしてさらに一つご紹介したいのは、実は親が学校的な価値観に巻き込まれて、競争主義的な教育、学力向上の強迫観念に取り憑かれているのではないかということです。親自身の子育て意識の中に根強く浸透している。ご存知のように、目黒区で5歳の女の子がお父さんの虐待、折檻によって命を失うという深刻な事件が起きました。その後、千葉にも続いたということで、子どもの虐待が大きな社会問題になりました。この5歳の女の子はお父さんからひらがなを覚えることを強制されて、朝早く起きてノートに「あいうえお」を練習していた訳ですね。亡くなった後、そのノートの中に、「おとうさん、ごめんなさい」ということを書きながら、「あそぶってあほみたいだからやめる。もうぜったいやらないからね、ぜったいやくそくします」と書き残しました。5歳のこどもが「あそぶってあほみたいなことだ」というふうに書いているわけです。これはおそらく親の価値観の反映だと思いますが、この親の価値観は私たちと地続きで、遊びの価値観を軽視するこの意識は、決してこの5歳のお父さんの意識だけではないと思うのです。そういう点で私たちは、私たちの中に浸みこんでいる学力優先の価値観を問い直す必要があると思います。

　昨年のちょうど今頃ですが、「子ども劇場」という市民団体の方からお手紙をいただきました。そこには、夏休みに劇場主催でザリガニ釣り大会をやった、と書かれていました。子どもたちはそれぞれに楽しんでいたのに親の中から「どうせやるならば、釣った数の統計をとって、表彰しましょう」、あるいは「重さを量って、1位から3位まで賞品を出しましょう」ということになり、みんなで楽しんでいたザリガニ釣り大会がいつの間にか競争になってしまった。どうも違和感があるなぁ、というお手紙でした。親の中に学校価値観、競争価値観が生活の中に浸透して、その眼差しで子どもたちを見ている。またその眼差しを地域の取り組みなどに求める。あるいは学校の先生にもそれを強く求めるというようなことが起こっているのではないかと思います。

## 4．学校にゆとり空間を・居場所づくりを

こうした困難な中でも、様々な取り組みが工夫されていると思います。一つだけ紹介したいのは、山梨県の不登校の子どもをもつ親たちの会を主催している鈴木はつみさんの実践です。鈴木さんは学校事務職員をされていた方ですが、お勤めになっている時に子どもの権利条約を学び「子どもの声を聞くということが大切」ということで、同僚の先生たちと、子どもたちの声を集めるために学校のことについてアンケートをした。そうすると、思った以上に子どもの声がいっぱい出された。最初、先生の中には「子どもの声を聞いてもそんなに出てこないよ」という人もいたけれども、やってみたらものすごくたくさんの声が出た。「勉強をわかるようにして」とか「宿題は何であるの？」などなど。その中に「教室に寝っ転がれるスペースがほしい」という声があった。そこで、鈴木さんは子どもの声を大切にしようということで、学校の先生たち、校長先生、最後には教育委員会の承認も得て、教室の片隅にソファーとカーペットを入れて、子どもたちのゆとりの空間をつくったというのです。なぜそれが実現できたのかお話を伺ったら、実は文部科学省が「学校施設設計指針」というものを出していて、第四章の第４「生活交流空間」という

項目に「ゆとりを感じるような空間を構成することが重要だ」と書かれているし、「ホールラウンジ等」という項目には、「短い時間にも生徒が気軽に休息し、談話等に利用することのできるようなラウンジや小空間を配置することも有効である」と書かれていた。鈴木さんはこの指針を元にして、「このように書かれていますよ。子どもたちからもこういう声が出ていますよ」と、先生たちとじっくり議論して、教室の中にゆとりのスペースをつくったという話でした。今、学校と教室が非常に息苦しくなっていると言われていますが、様々なかたちでこうした改善をしていくことも可能なのだと教えられた次第です。もちろん、鈴木さん自身が学校の先生方と日常の様々な交流や実践の中で、深い信頼関係をつくられていたということが前提だろうと思いますが、こうした改革の可能性もあることを私たちは見ておく必要があると思います。

さて、これから諸問題を考えていく時に、そもそも学校というのはどういうところなのでしょうか。今、学校が教科教育重視、学力向上重視で教員が追いつめられていますが、そもそも学校というのは福祉の場であったのです。学校教育の場であると同時に、福祉の場であった。児童労働が激しい時代に、児童労働から切り離して、子どもたちの学びと遊びの場をつくるということが学校の一つの役割だったわけですから、そもそも学校には福祉機能というものがあったのです。そのことを私たちはもっと大切にしなければならない時代だろうと思います。

そもそも学校＝スクールというのは、ギリシャ語の「スコレー」＝暇という言葉から来ているわけですから、学校は自由な空間、自由な時間でなければならない。もちろんギリシャ時代に遡れば奴隷制の上でつくられた自由の時間ですが、しかしその自由があってこそ、学問・芸術が花開いていくということですから、学校と自由な時間とは切っても切れないのです。「そもそも学校というのは、学力重視子どもを追い込んでいく施設ではない」ということをもう一度考え直していきたいと思います。その上で、学校ではすべてを教育指導という視点で見るのではなく、〈多面的・複眼的な子育ての視点で見る〉必要があるのではないかというのが、私が日頃考えている視点です。とりわけ今、その複眼性の中に居心地よい教室や自由に発言・表現できる教育をつくるために、次の三つの視点を大切にすることを私は提起したいと思っています。

一つ目は、「のんびりしていていいんだよ」という視点です。これは子どもの権利条約で言いますと、第31条の「休息・余暇」の権利の視点です。そうした視点を学校の雰囲気として位置づける必要があると思います。スケジュールでどんどんせき立てるのではなくて、子どもたちはゆっくり育っていくわけですから、「のんびりしていていいんだよ」という雰囲気を大切にしたい。このことは学校空間の中での重要な視点だと思います。

二つ目には、「失敗してもいいんだよ。もう一度やりなおしていけばいいんだよ」という、失敗が許される雰囲気です。私のゼミ出身の研究者の竹原幸太さんが『失敗してもいいんだよ』（本の泉社）という本を出しましたが、この視点を学校教育の中に位置づける必要があるだろうと思います。

三つ目には、子どもの権利条約の中に「意見表明」や「子どもの参加権」が書かれていますが「自分たちの手で取り組むことが大切なんだよ」ということ。様々な問題を自分たちで話し合って、自分たちの手で取り組む自治の視点を大切にしたいと思います。

## 5.「子ども市民」の声と力への注目を

そうしたことが可能であるということは、3・11のあの震災の中で、様々な避難所で子どもたちが自分たちで考え・話し合っていろいろな取り組みをやりました。学校システムが元に戻ると、残念ながらそうした力が見えなくなってしまいましたが、子どもたちは「自分たちで取り組む力」を潜在的にもっていると思います。そういうことで、「のんびりしていいんだよ。失敗してもいいんだよ。自分たちの手で取り組むことが大切なんだよ」ということを教室の雰囲気としてつくりだしていくことが必要なのではないでしょうか。

そのために、私たちは子どもの権利条約の子ども観・子育て観を深めていく必要があるでしょう。いろいろな視点から深める必要がありますが、一つだけふれるとすれば、「子どもの声を大切にする」ことがずっと語られていますし、語られてきました。子どもの意見表明を大切にすることは、様々な取り組みの出発点です。ご存知のように権利条約の第12条には「意見表明の権利」が書かれています。この「意見」は「オピニオン(opinion)」という英単語ではありません。「ビューズ(views)」という英単語なのです。ですから私は、「意見表明権」と訳すのは適訳ではないのではないかと言い続けてきました。「意見」というと何か言葉できちんと自分の考えをまとめて表現することで、それ以外は子どもの意見ではないように捉えてしまいがちです。そうではなくて、「own views」ですから、「view」というのはそもそも「見る」ということです。「子どもの見方・捉え方・感じ方」を大切にすること、言葉だけではなくて、様々な子どもの感じ方のことです。日頃の生活の中で抑圧されていて、つい暴言を吐いてしまう、言葉で言う前に手が出てしまうような子どもたちもいると思います。ですから、そうした言動も含めて「子どもの声を聞く」という中身を奥行き深く捉える必要があるのではないでしょうか。

国連の子どもの権利委員会も、世界とのやりとりをふまえて2000年代から「条文をどう深く理解するか」というジェネラルコメント（一般的意見）というコメントを毎年出していて、すでに膨大な文章が出ています。たとえば子どもの保育の問題や遊びの権利などと関わっていろいろなことが書かれています。私が読んでいて頭に残ったのは、子どもの意見を聞くためには教師も含め大人の側に忍耐力と想像力が必要なんだということが書かれていました。子どもの意見を受けとめるためには私たちの側に忍耐力と想像力が求められるのでしょう。ですから私たちは、権利条約とジェネラルコメントを深く読み直して、「子どもの意見を聞く」ということの中身を深めていく必要があるのではないかと思っています。

最後に、どうしても私たちは子どもたちを発達途上の未熟な生徒として見てしまいがちです。でも、基本的には子どもたちは、未熟でありながらもそのままで「小さな市民」なわけです。ですから、市民として捉えるということが大切です。たとえば、小学校1・2年生のクラスに、あの小さな子どもたちの横に、もし戦争中に不幸にして義務教育学校に行けなかったお年寄りの方が入学して、一緒に座っていたとする。両方とも生徒ですけれども、自分より身体の小さい生徒が宿題を忘れると「なんで忘れてきた！」とつい強い口調になるのではないですか。ところがもし70代、80代のお年寄りの方が座っていて、宿題を忘れてきたら、高圧的に、「なんで宿題忘れてきた！」などといいますか？「どうして宿題をお忘れになったのでしょうか？」と聞くのではないでしょうか。「毎日お疲れなんでしょうね」などとやさしくいうのではないでしょうか。子どもがいろいろなことでつまづいたり失敗したりした時に、上から目線で言うのではなくて、「市民としての子ども」にも生活があるわけですから、「どうして宿題をお忘れになったのでしょうか？」と聞くような事柄なのです。本来、市民に対しては、きちんと丁寧に関わっていかなければいけない。市民としての子どもに対してぞんざいな扱いをしてはなりません。そういうことが子どもの権利条約からのメッセージだと思いますので、子どもの権利条約の視点で息苦しい学校をどう切り拓いていくかを考えて見たいというのが私の問題提起です。

子どもたちには「ていねいに扱われる権利」があります。「子どものくせに」とみくびらずに子どもの気持ちや声に耳を傾けましょう。「～しなさい」と高圧的に指示せずに、子どもと交わすことばは丁寧にしましょう。子どもたちは賢さを秘めています。見くびってはなりません。

学校で、家庭で、地域社会で子どもを尊び、子どもの品格と権利を尊重し、ともに歩んでいきたいものです。

（第四章の注）

1　木村涼子『家庭教育は誰のものか――家庭教育支援法はなぜ問題か』岩波ブックレット№965、2017年10月、シンポジウム『家庭教育支援法を考える報告書』日本弁護士連合会、2018年5月16日など。

2　日本会議は、「日本的伝統の価値」として、天皇を国民統合の中心として崇拝し、戦前的家族制度を重視し、独自の国防力の強化にむけて憲法改正を目指す政治団体。国会内に「日本会議国会議員懇談会」を設立するとともに、「親学推進議員連盟」（2012年発足）を通じて保守的・復古的な子育てを推奨する国民運動を展開している。

3　子どもNPOセンター福岡『ふくおか子ども白書』2014年11月。

4　松田道雄『駄菓子屋楽校』新評論、2002年7月。

5　広井良典編著『「老人と子ども」統合ケア』中央法規出版、2000年12月。

6　多田千尋『遊びが育てる世代間交流』黎明書房、2002年8月。

7　栗林知絵子「地域を変える　子どもが変わる　未来を変える」子どもの文化研究所『子どもの文化』2015年12月号。

8　加用文男『子どもの「お馬鹿行動」研究序説』かもがわ出版、2016年6月。

9　拙著『アニマシオンが子どもを育てる』旬報社、2000年12月、拙編著『ファンタジーとアニマシオン』童心社、2016年11月を参照のこと。

10　辰濃和男『ぼんやりの時間』岩波新書、2010年3月。

11　拙稿「東日本大震災と教育・文化」『研究子どもの文化』№13、2011年12月。

12　拙編著『蠢動する子ども・若者』本の泉社、2015年3月。

13　鈴木道太『いたずら時代の人間形成』新評論、1969年7月、遠藤ケイ『親父の少年時代』かや書房、1981年9月。

14　拙著『地域づくりと子育てネットワーク』大月書店、1986年11月。

15　小論ではひとまず「地域」の用語を、子ども（青少年期）の生活と発達に影響を与える近隣のコミュニティ・生活圏として捉えておく。子どもの成長に即して、生活圏と人間関係の構築は拡大していくが、主たる検討の対象とする少年期の生活圏は行政区で言えば町内会エリアを念頭においている。「地域と子ども」のイメージについて、詳しくは拙著『子ども組織の教育学』（青木書店、

１９８６年、27～29頁）および『子ども研究と社会教育』（青木書店、１９８９年）の「第1章　子どもの生活圏づくり」を参照のこと。

16 子どもの「参加・参画」の用語と概念については本文中8節に後述する。

17 渡辺暁彦「学校と騒音をめぐる法的問題――子どもらの発する声や物音は『騒音』か?」『滋賀大学環境総合研究センター研究年報』Ｖｏｌ．15、№１、２０１８年。

18 『ルポ　子どもの無縁社会』石川結貴、中公新書ラクレ、２０１１年、１９９頁。

19 厚生労働省政策統括官付政策評価官室委託「人口減少社会に関する意識調査」２０１５年。

20 渡邉斉志「ドイツ――子どもが発する騒音の特別扱い」『ジュリスト』２０１１年6月15日号。

21 「煩音」は橋本典久の造語。「音量がさほど大きくなくても、相手との人間関係や自分の心理状態によってうるさく感じてしまう音」のこと。橋本典久「騒音問題は半心半技」『季刊教育法』１７６号、２０１３年、31頁。

22 遠藤ケイ『親父の少年時代』かや書房、１９８１年、９～10頁。

23 宮原洋一『もうひとつの学校』新評論、２００６年、１～２頁。

24 宮原同前書、２頁。

25 『無縁社会〝無縁死〟三万二千人の衝撃』ＮＨＫ「無縁社会プロジェクト」取材班、文藝春秋、２０１０年。

26 山田昌弘『家族難民　中流と下流――二極化する日本人の老後』朝日文庫、２０１６年。

27 山田恵子「地域に増える『放置子』」日本子どもを守る会編『子ども白書２０２０』、かもがわ出版、２０２０年、１７３頁。

28 全国学童保育連絡協議会『学童保育情報２０２０―２０２１』２０２０年12月、12頁。

29 少女たちの自立支援事業「Colabo」について詳しくは、https://colabo-official.net

30 一番ケ瀬康子他『子どもの生活圏』ＮＨＫブックス、１９６９年。

31 酒匂一雄編『日本の社会教育第22集　地域の子どもと学校外教育』東洋館出版社、１９７８年10月。拙著『子ども研究と社会教育』青木書店、１９８９年。

32 レベッカ・ソルニット、高月園子訳『災害ユートピア』亜紀書房、２０１０年、18～19頁。

33 詳しくは、ファイト新聞社『宮城県気仙沼発！ファイト新聞』河出書房新社、２０１１年。
34 拙稿「東日本大震災と教育・文化――子ども観・教育観・文化観を問い直す」『研究子どもの文化』№13、子どもの文化研究所、２０１１年。
35 拙著『「幸せに生きる力」を伸ばす子育て』柏書房、２０１２年を参照のこと。
36 原田正文『子育て支援とＮＰＯ――親を運転席に！支援職は助手席に！』朱鷺書房、２００２年。
「子どもの居場所づくり新プラン事業」（文部科学省）については、https://www.mext.go.jp/a_menu/shougai/houshi/03120801/002.pdf
「地域子育て支援拠点事業」（厚生労働省）については、https://www.mhlw.go.jp/bunya/kodomo/pdf/gaido.pdf
37 大田堯『教育とは何か』岩波新書、１９９０年、79頁。
38 Ｊ・レイヴ、Ｅ・ウェンガー著、佐伯胖訳『状況に埋め込まれた学習――正統的周辺参加』産業図書、１９９３年11月。
39 バーバラ・ロゴフ著、當眞千賀子訳『文化的営みとしての発達――個人・世代・コミュニティ』新曜社、２００６年、11頁。
40 はらたいら『最後のガキ大将』フレーベル館、１９８６年、55頁。
41 子どもの権利条約研究所『子どもの権利研究第22号　子どもの居場所ハンドブック』２０１３年。『遊びと文化と自由な時間』子どもと文化のＮＰＯ　Ａｒｔ．31、２０１８年。
42 羽根木プレーパークの会編『冒険あそび場がやってきた』晶文社、１９８７年。アービッド・ベンソン編著、大村虔一・大村璋子訳『新しい遊び場』鹿島出版会、２０１５年など。
43 『ちいきとこども』少年少女センター全国ネットワーク機関誌。https://childrennet.wordpress.com
ＮＰＯ法人東京少年少女センター https://kosodateswitch.jp/magazine/detail/?no=36など。
44 「こどものまち」については、ＮＰＯこどものまち https://www.kodomonomachi.info/ など。
45 ＮＨＫ首都圏ナビＷｅｂリポート「僕らがちんじょうしたわけ」https://www.nhk.or.jp/shutoken/wr/20191217.html
46 報告会の記事については https://www3.nhk.or.jp/news/contents/newspost/
47 板橋区の子どもの陳情の取り組みの報道に関して、ネット上にはさまざまな声が寄せられている。多くは子どもの取り組みに賛同の声である。

「板橋区の子供達の陳情書……素晴らしいね。少子化に輪をかけるように子供の遊び場がないとかあり得ないんですけど？野球もサッカーもボール遊び禁止ってじゃあどこで練習してどこで遊んでどこでエネルギーを発散するの？子供産めよ増やせよ言ってる割には本当に育てにくい環境ですよ！」「板橋区よ、小学生の陳情は決して難しい事じゃないよな？昔々大人達が遊んでいた場を今の子供達にも欲しいという簡単な事だ。それでも騒音が！と苦情を言う人は引っ越せばいいよ。」

中には「背後に大人がいるでしょ。弱者である子供達を利用した陳情で、坂本氏（区長・坂本健氏―引用者）に『踏み絵』をさせるのが目的では？本質を見よう！背景は政治だよ。左翼が好きな戦法だな。立民、共産、社民推薦の為。まったく信用出来ない。」などと穿《うが》った見方の投稿もある。

48　拙稿「子どもの自治と社会参加の課題」喜多明人・増山均他編『子どもの参加の権利――〈市民としての子ども〉と権利条約』三省堂、1996年10月。
49　ロジャー・ハート著、木下勇他監修『子どもの参画――コミュニティづくりと身近な環境ケアへの参画のための理論と実際』萌文社、2000年10月、214頁。
50　日本ユニセフ協会訳『世界子供白書』2003年版（日本語版）。
51　喜多明人他編『子どもにやさしいまちづくり』日本評論社、2004年。
52　子どもの権利条約市民・NGOの会編「国連子どもの権利委員会　日本政府第4・5回統合報告審査　最終所見　翻訳と解説」Art．31、2019年3月、4頁。

# 補章

# 先達に学び子どもの権利と子育て問題を考える

# 一・「子育て」の概念と子どもの権利保障をめぐって

## ——大田《おおた》堯《たかし》先生からのバトン

### 1. 大田堯先生と「日本子どもを守る会」

大田先生は、その著書の略歴の中に「日本子どもを守る会名誉会長」の肩書を必ず付け加えておられる。先生は、日本子どもを守る会の創設（1952年5月）時から、様々な形で守る会を支えてこられた。1980年からは副会長となられ、第2代会長羽仁説子さんの逝去に伴い会長代理を務められ、1988年5月からは第3代会長として、1997年5月の会長退任後は名誉会長になられた。私は日本子どもを守る会の活動を通じて、大田先生から多くの教えをいただいた立場から、今回の報告をお引き受けした次第である。

日本子どもを守る会は、長田・羽仁会長の時代は大きな社会的運動体であり、大田先生が会長になられた当時は、すでに小さな組織になっていたが、大田先生は、「日本子どもを守る会」の歴史的・社会的役割を重視され、かつ、その未来を心配され、会長を退任してからも終身名誉会長として、日本子どもを守る会の活動を物心両面で支えてこられた。

大田先生は、大学教育・アカデミズムの分野における日本を代表する学者・研究者として活躍されたが、先生は決して研究室にこもった学者ではなかった。つねに子ども・若者・働く人々とともに歩み、子どもの権利保障の視点・地域の民衆の生活文化の視点から研究を進められた。

日本子どもを守る会との深いかかわりは、大田先生にとっては、大学とは別の、独自の実践的研究の場、「市井の研究室」だったと思うのである。幸運にも、私は大田先生が会長の時期、子どもを守る会の理事および副会長として、子どもを守る会を通じて民間運動における「大田ゼミナール」のメンバーであったのだが、大田先生は私たちを学生としてではなく、共に学び実践していく同志・パートナーとして尊重してくださった。大田先生は日本子どもを守る会に無数の足跡を残され、そこに集うメンバーにとっての精神的支柱であり、導きの師であった。大田先生は会長職に就かれていたとき、毎回の理事会にも定期的に参加され、貴重な問題提起をされたので、守る会の出版物には多くの記録・メッセージが残されている。それらは先生の言う「『語り』という形式で、研究の経過を表現する」（自撰集成1[1]）取り組みであったと思うが、日本子どもを守る会の機関紙「子どもを守る」、機関誌『子どものしあわせ』をはじめ、子どもを守る会編集の『子ども白書』等に大田先生の「語り」が膨大に収録されている。1953年から毎年開催されている「子どもを守る文化会議」には、5回にわたって記念講演をされ、その講演記録もすべて残されている。大田先生の「語り」に耳を傾けると分かるのだが、日本子どもを守る会の活動の中で、大田先生は、《教育》の用語よりも《子育て》の用語を重視して使用されてきているので[2]、「大田先生を偲びお仕事を引き継ぐ研究集会」にあたって、私は大田先生の《子育て》の用語とその概念に注目して、子どもの発達と権利保障との関連について論じてみたいと考えている。

## 2. 市民生活における「子育て」理解――「子育て支援」ブームにみる子育て観

さて、いまや日常生活でごく普通に使われている「子育て」の用語であるが、いつ頃から市民生活の中に普及し、どのように理解されているのだろうか。

その経過をたどると、1980年代後半から、にわかに政策用語・行政用語として「子育て」「子育て支援」が登場し、急速に広がってきたことがわかる。その背景には「1・57ショック」（1989年の合計特殊出生率が、過去最低だった「丙午《ひのえうま》」の1966年の1・58よりも下回ったことによる）による少子化対策の必要性にその震源があったといえるだろう。[3]

1988年、政府は少子化対策を進めるために「これからの家庭と子育てに関する懇談会」を招集し、1990年1月に報告書をまとめあげた。そこでは「古代ローマの末期がそうであったように、未来を担う子どもが減少し、人々が未来に夢を持たなくなることは、文明が衰退する一つの前兆である」と述べ、出生率低下に対して強い危機感が示された。この報告書がベースになって、その後矢継ぎ早に「子育て支援」策が打ちだされていった。

1991年「健やかに子どもを生み育てる環境づくり」（健やかに子どもを生み育てる環境づくりに関

する関係省庁連絡会議）。１９９３年「たくましい子ども、明るい家庭、活力とやさしさに満ちた地域社会をめざす21プラン研究会報告書」（子どもの未来21プラン研究会）、そして１９９４年12月「今後の子育て支援のための施策の基本的方向について」（文部・厚生・労働・建設省）とつづく。特に94年の４省庁による子育て支援の基本方向についての合意は、高齢者に対するゴールドプランとならぶ子ども施策としてエンゼルプランと呼ばれたが、このエンゼルプランの登場が、「子育て支援」の用語を国民の間に一般化していく重要なきっかけとなった。

しかしエンゼルプランにおける「子育て支援」は、具体的には「緊急保育対策5か年事業」（１９９４年12月）として出発したので、「子育て支援」の内容は乳幼児を持つ親支援として狭く限定して捉えられる状況を生みだした。本来〈子育て〉の用語が捉えるその対象は、乳幼児期の子どもにとどまらず、児童期、思春期の子どもまでをも含んでおり、親離れ・子離れを通じて子どもが親から自立するまでと捉えるのが妥当なのだが、その後の政策的展開を見ても〈子育て〉の用語と概念は、広がりと深まりを見せていない。むしろ止まらない少子化、予想以上の少子化の進行の中で、ますます「子育て支援」＝少子化対策としての理解が広がっている。

エンゼルプランを発展させた１９９９年の新エンゼルプラン（「重点的に推進すべき少子化対策の具体的実施計画」）以降、少子化対策としての「子育て支援」がさらに本格化する。２００２年「少子化社会を考える懇談会」（中間報告）、「少子化対策プラスワン」、２００３年7月には「次世代育成支援対策推進法」「少子化社会対策基本法」が策定されるとともに、児童福祉法が改正されて「子育て支援事業」がその中に組み込まれた。

「次世代育成支援対策推進法」には、その第3条に、支援の基本理念として「家庭その他の場において、子育ての意義についての理解が深められ、かつ、子育てに伴う喜びが実感されるように配慮して行われなければならない」とされている。こうした経過を経て、「子ども・子育て応援プラン」(新新エンゼルプラン、2004年12月)に至り、これらの子育て支援の動向は、その後2012年に制定された「子ども・子育て支援法」の制定とその下での「子ども・子育て新制度」へと展開していく。

1990年代から政府の「子育て支援」とともに、既存の保育・教育施設をはじめさまざまなボランティア団体による「子育て支援」も活性化した。特に、1998年「特定非営利活動促進法」(NPO法)が制定されてからは、子育てにかかわるNPOが急成長し、かつてない官民を挙げての「子育て支援」ブームがつくられている。

しかし、これほど「子育て支援」の用語が頻繁に使用され、法の内容および名称にも「子育て」の用語が使用され、行政機関のみならず多くの市民が「子育て支援」にかかわるようになったが、〈子育て〉とは何かという根本問題が深められているとは言えない。相変わらず、「子育て」は乳幼児期の子どもに対しての営みであり、「子育て支援」は乳幼児を持つ親への支援、特に働く親の仕事と子育ての両立への支援として狭く捉えられる状況は変わっていない。

## 3. 大田先生における〈子育て〉の用語とその概念

### (1) 民衆の営みへの注目——ひとなる・ひとなす

大田先生は、生涯にわたるお仕事の基本課題として「教育」の用語とその概念を問い直し続けてこられた。「教育」概念の問い直しにとって、鍵を握るのが〈子育て〉の概念である。

先生の教育研究の道標ともいえる岩波新書の2冊、①『教育とは何かを問いつづけて』(1983年1月)と②『教育とは何か』(1990年1月)を通して読むと、大田教育学の展開に於いて〈子育て〉の用語と概念が重要な位置を占めていることがわかる。①の著で教育とは何かを問い続けたその先で民衆の子育ての原理にたどりつき、最終章「種の持続としての教育」において、はじめて〈子育て〉の用語が登場する。②の著は、第1章から「子育ての意味——種の持続のために」で始まり、第2章「人の子育て——一人前」と続き、主に〈子育て〉の概念を軸にして論を展開しながら、最終章で「人権としての教育」が論じられている。

ところで大田先生は、実際にはいつごろから「子育て」の用語を用いてきたのだろうか。著書のタイトルに「子育て」の用語を掲げたのは、次の2著(①『人間の歴史を考える4——子育て・社会・文化』岩波書店、1993年6月、②『歩きながら考える 生命・人間・子育て』一ツ橋書房、2000年2月)であり、〈子育て〉をタイトルに掲げた著書は必ずしも多くはなく、出版の時期も先の2著よりも早くはない。

大田先生は、論文「子育てとはなにか」(「教育」1983年3月号)の中で、自らの記憶を正確にたどりながら「教育という概念とつなげて、意識して子育てというコトバを使い始めた」のは、1960年代後半のことであるとし、「その頃は、教育というコトバは氾濫していても、子育てというコトバはほとんど日常語として使われることはなかった」と回想している。

大田先生の最終講義(「私の教育研究三〇年——東京大学最終講義」)によれば、「民衆の習俗のなかに教育をとらえなおす」の小見出しのなかで、1960年代からゼミナールにおいて柳田国男をとりあげ、民衆の子育ての知恵を学ぶ中で[4]、「教育を、人間の種の持続というところから考えなくてはならない、という確信を私はもつようになった」こと、とりわけ東大「紛争」を通じて「教育というものを民衆の習俗のなかにもぐり込んでとらえることに……熱意を注ぎたいという気持ち」になったことが語られている。

大田先生における〈子育て〉の用語には、その核心部分に〈人間の種の持続〉という大テーマが包含されているが、それは子育ての習俗研究から学んだということより以前に、最初の動機は「戦争に対する危機感」、一瞬にして多くの命を奪い去る核兵器の存在に対する危機感にあったのだと述べている。そしてさらに、経済成長に伴って現れてきた教育の退廃状況を見つめると「戦争はもう始まっている」「子育てと教育をめぐっては、戦争は開始されている、もう戦争の最中にある」という危機感、切迫感が語られていたことに注目しておきたいと思う[5]。

### (2)子育てと世直し——種の持続のために

学制100年にあたる1972年に、大田先生はいくつかの雑誌（『生協運動』5月号）や新聞（「北海道新聞」11月11日付）に〈子育てと世直し〉と題する文章を寄せている。中でも、学制発布100年を記念して、民衆の視点から教育100年の歩みを問い直した岐阜県中津川「教育100年文化展」での大田先生の記念講演「子育てと世直し」（『教育』1973年1月号に収録）は特筆すべき論文であり、この論文が本格的に〈子育て〉の概念を用いて今日的な教育・子育て問題の解明を目指し、〈子育て〉の用語を社会にアピールした最初の宣言と言えるものではないかと思う。

先に紹介した最終講義で語られているように、大田先生は同時期、柳田国男研究を通して民俗学における子育ての習俗に注目すべきことを教育学における学問的課題として提起されていた（「現代教育学の課題と方法――教育の習俗と教育学研究」『教育学研究』第40巻第4号、1973年。「民衆のいのちの感性から学ぶ――中津川市『教育文化展』のこと」1973年5月。「地域共同体の崩壊の中で――教育研究において地域をどうとらえるか」『教育学研究』第41巻第2号、1974年6月。「民衆から教育をとらえ直す――教育の習俗研究によせて」東京大学教育学部教育史・教育哲学研究室『研究紀要』創刊号、1974年10月)。

「ひとねる・ひとなす」という言葉で人間形成（一人前への子育て）を語り継いできた民衆の知恵に学び、〈子育て〉という言葉の中に〈種の持続〉の課題を込めて概念化し、その〈子育て〉概念によって「教育」という翻訳語を根本的に問い直す必要性を提起してきた。

さらに大田先生における〈子育て〉の用語への注目は、人間という〈種の持続〉を根底から奪う核兵器の存在への危機感と、近代以来の教育が国家主導の下で社会制度の一部に組み込まれるとともに、さまざまな社会勢力のエゴに利用されて、〈種の持続〉の課題が歪められてきたことへの反省の中から生まれたということ、今日の子産み・子育てそれ自身が、本来の種の持続の営みから疎遠なものになって来ているという危機感から生まれたのである。

大田先生における〈子育て〉の概念をまとめると、〈種の持続〉を実現するために、①民衆の知恵と習俗社会からの学び、②近現代の教育への批判意識を持ち、③核兵器の存在と平和の危機を克服すること、そのためには「世直し」が求められるという根源的かつラディカルな問いかけを含んでいたのである。

前節でみたように、今日〈子育て〉の用語が日常生活の中で頻繁に使われ、政府・自治体の政策として声高に叫ばれている「子育て」と「子育て支援」の用語は、あまりにも平板であり、概念性は空虚である。その平板さと空虚さを克服するものとして、大田先生の〈子育て〉概念から深く学ぶことが必要なのではないか。

## 4．〈子育て〉概念を発展的に考える――六つの《育》への注目

### （1）教育の基底としての〈子育て〉

大田先生は、その編著『戦後日本教育史』（岩波書店、１９７８年）の中で、〈子育て〉の用語登場の文脈を総括的に次のように記している。１９５０年代末から激化する高度経済成長政策のもとで、太古の昔

から営々として築き上げられた農村共同体の人間連帯と子育てのための習俗・文化の変容・崩壊が始まる。そのことへの反省の中から、1970年代半ばに「戦後三十年を通じて、教育の前提であり、基底である子育てが、冷たい需要供給の経済法則がすべてに優先するような状況に放置されるにいたった現実を直視する」視点が生まれ、「新しい子育てにふさわしい人間連帯」を創出していく課題への自覚が、教師のみならず父母住民のなかに広く芽生えてきたと[6]。

〈種の持続〉を核とする大田先生の〈子育て〉の概念については前節で述べたとおりであるが、「教育の前提であり、基底である子育て」という記述を手がかりに、〈教育〉と〈子育て〉の関係を考えると、明らかに〈子育て〉の概念の方が大きくかつベーシックで、そのなかに〈教育〉が位置づくのであり、子育て=教育ではないことは明白である。

ここから先は、私見となるが、〈子育て〉の用語と概念における《育》の内容について、とりわけ〈教育〉の《育》以外にも、〈種の持続〉にとって、子どもの成長・発達にとって不可欠な《育》があるのではないか。それらを〈子育て〉の概念の中から析出して独自に注目するとともに、不可欠な《育》の総合・統合として〈子育て〉概念の実体をとらえなおす必要があるのではないかと考える。

### (2)〈子育て〉に内包される六つの《育》

子どもを育てるという営みにおいて最も大切なことは、子どもの命・魂・存在そのものを愛しみ・尊重する姿勢であるが、その姿勢は日々の暮らしの中での《育》の内容によって実現されていく。

子どもの権利論の視点からいえば、第1に重要な《育》は、〈子どもの生存権の保障〉ということになるが、子どもの命にかかわる基底的な育、すなわち健康と医療にかかわる営みは《療育》という育である。療育の概念は、児童福祉法第19条の規定のように、これまで障害児の教育と発達に関して使われてきたが、[7]本来療育の概念はすべての子どもにとって不可欠な概念ではないかと考える。また近年では「教育・医療・福祉・家族関係者の一体的な対応によって病気や障害のある子どもの健全育成」をめざして《育療》の用語を掲げた「日本育療学会」も設立されている。

第2に求められる子どもの基本権は、〈生活権の保障〉である。衣食住をはじめとして、子どもの生活の保障にかかわる福祉の営みを支える育は、《養育》の概念である。児童福祉法（2016年5月改正）がその第1条に「全て児童は、児童の権利に関する条約の精神にのっとり、適切に養育されること、その生活を保障されること、愛され、保護されること……」と規定しているように、《養育》の具体化によって子どもの成長・発達が保障され、種の持続が可能となる。

第3に求められる子どもの基本権は、〈学習権の保障〉である。子どもたちの自由で主体的な学びを保障するための《教育》、国家や企業はもとより、社会勢力のエゴによって歪められてきた「教育」や教師や親の管理下での「教育」ではなく、「自然の摂理にそった教育のあるべき姿」[8]としての《教育》が求められる。[9]

第4に求められるのは子どもの〈遊びと文化権の保障〉である。子どもが主体的・自発的に生活・活動に向かい、他者との交わりの中で「ひとなる」のは、子ども同士の遊びが最も有効である。大田も「〝遊び〟は非常に重要な自己創出力の人間的源泉だといえる」[10]と述べていたが、遊びがもつ人間形成力を《遊《ゆう》育《いく》》の営みと名づけたい。

第5に注目すべき子どもの基本権は、〈更生権の保障〉である。子どもはその育ちの過程で、未熟さゆえに思わぬ過ちや逸脱行為を行うことがある。そうした行為を簡単に非行や犯罪として処罰の対象にするのではなく、つまづき、失敗しても、やり直し、立ち直っていく機会を保障していくことが必要である。そうした立ち直りの見守りと励ましを《甦《そ》育《いく》》として注目しておきたい[11]。

大田先生は、かつて習俗の子育てにおいては「子どもの自治」によって「〝一人前〟への基礎が準備された」ことに注目していたが[12]、第6に注目すべき子どもの基本権は、〈自治権・参加権〉である。大人によって与えられた生活・活動だけではなく、子どもたち自身が自分たちの知恵と力で企画し、運営し、管理し、執り仕切る自治活動を基盤として、主体的に社会に参加・参画していく権利の保障を欠くことはできない。それらを実現する取り組みを《治《ち》育《いく》》と名づけて重視したいと考える。

以上、〈子育て〉の《育》の中には、子どもたちが人間として一人前に育っていく上で不可欠な基本権を保障していくために必要な、六つの《育》が総合的・統合的に内包されていると考える[13]。

### （3）〈成育〉という用語と概念への注目を

昨年（2018年）12月に、医療関係者の努力によって、「成育医療基本法」が制定された[14]。この法律の総則・目的には「児童の権利に関する条約の精神にのっとり」と書き込まれ、生まれてから成人に達するまでの一連の成長過程において、切れ目なく、心身の健康に関する問題に包括的に対応する医療・保健を提供し、さらにこれらに密接に関連する教育・福祉に係るサービスを行うとある。医療の分野から、子どもの権利条約の精神を位置づけつつ、教育や福祉の領域も視野に入れた領域横断的な取り組みの方向が打ち出されたことに注目しておきたいと思う。また、日本学術会議の子どもの成育環境分科会が2020年9月に「我が国の子どもの成育環境の改善にむけて―成育空間の課題と提言二〇二〇」を発表し、そこでは領域・省庁横断的かつ子どもの発達段階を軸に切れ目のない包括的支援体制づくりが提起されている。[15]

「成育医療基本法」や日本学術会議の成育環境改善への提言の積極的意義を参考にするならば、〈子育て〉概念における、《療育》《養育》《教育》《遊育》《甦育》《治育》の六つの育を総合する用語・概念として、仮説的に《成育》の用語と概念を充てることが出来るかもしれない。

「教育」概念の問い直しのキーワードとして、大田先生が歴史の中から取り出した「教育の前提であり、基底である」〈子育て〉の概念は「種の持続」を核心としつつ、子どもの権利保障に関する総合的な課題に応える《育》を包含している。子どもの権利条約の精神とその理念を貫くことによって、〈子育て〉の概念は、日本の子どもの成長を総合的に支え、諸分野・諸領域の統合をすすめる概念として有効性を発揮し、同時に今日の学校教育・教育実践を改革する原理としても力を発揮するに違いない。

### （4）子育て観の転換と教育改革への視点――複眼的なまなざしをひろげる

子どもの権利条約に基づき国連子どもの権利委員会へ提出した市民ＮＧＯの報告書の中で、今日の日本社会と教育の問題が次のように指摘されている。

「社会全体が抑圧的になり、過度な競争環境のもとで、子どもの人間的な成長・発達が歪められ、子どもたちは、幼児期から親の目を気にし、幼児保育の学校化がすすみ、学校では学力テストを意識し、自分だけでなく、クラスと学校の順番を気にし、仲間外れにならぬように気遣う。そこでは主体的な学びの権利と自由な遊びの権利が奪われていく。またそこからくる抑圧的な心性は、ときに外へ（いじめ、校内暴力など）ときに内へと向かい（不登校、自殺）、自分自身の充足感（well-being）が持てず、豊かな内面を育てる自由な空間と時間と人間関係を奪われている。[16]」と。

とりわけ学校教育においては、学力テストに支配された教育のスタンダード化、子どもの逸脱を許さないゼロトレランスや体罰と懲戒、「ブラック校則」のひろがり[17]、「指導死」といわれる問題の発生[18]など、子どもへの管理的な教育観・指導観が拡大して、子どもの権利が制限・剥奪されている。

こうした時、管理的な教育観を打開し克服するためには、前節で検討した《子育て》概念に基づき、多面的な《育》（《療育》《養育》《教育》《遊育》《甦育》《治育》）の視点を導入し、「ゆっくりしていてもいいんだよ」「失敗したっていいんだよ」「学びとともに遊びが必要なんだよ」「自分たちで決めて取り組むことが大事だよ」というまなざしを広げたい。教育の前提、基底としての〈子育て〉の概念は、日本社会の「(学校) 教育」中心的なまなざしに対して多面的・複眼的な視点をもたらし、教育実践を改革する原理としての力を発揮するのではないかと考える。

## 5. 大田堯先生から学び・未来を考える

2018年版の『子ども白書』には、編集部のインタビューに答えて大田先生は「ひとはつくるものではなく、ひとなるもの」という遺言を遺された。ときあたかも、安倍首相が憲法「改正」に執着し、「人づくり革命」(国家と企業の役に立つ人材の育成)を叫び続けているとき、日本社会の現在と未来に向けて、その進むべき道について射程が長くかつ根源的なメッセージを発信された。

1964年から継続して出版されている『子ども白書』には何度も原稿をお寄せいただいた。「児童憲章実現と子育ての課題」(『子ども白書』1982年版)をはじめ、「『子どもの権利条約』これから――〝子どもの最善の利益〟とは何か」(1994年版)など、子どもを守る会の基本精神である「児童憲章」や「子どもの権利条約」の理念と意義をわかりやすく解明し、運動の指針が示されている。

私は故正木健雄先生の後を受けて、『子ども白書』の編集長を20年間(1995年~2014年)務めたが、編集長としての最初の仕事だった1995年版の特集テーマを、〈いじめ社会を読み解く――子どもにとって戦後50年は何だったのか〉とした際、大田先生に総論をお願いした時のことが忘れられない。原稿執筆を快く引き受けてくださった大田先生は、「戦後50年の反省と子どもの『いじめ』」と題する原稿をお寄せくださり、「いじめ」は、子どもの問題ではなく、日本社会そのものが抱えている構造的な問題であることを指摘された。大田先生は、つねに子どもたちが育ちあう社会環境の土台に目を向けられ《社会的文化的胎盤》(人間として育つためのゆりかご・「ひとなる」ことの舞台)[19]のあり様を問い質《ただ》され続けた。

大田先生は日本子どもを守る会の取り組みにおいても、育ちゆく子ども・若者たち、子育てに悩みかつ喜びを分かち合う親たちとともに、〈ひとなる・ひとなす〉道を探求されつづけられたと思うのである。

「子どもの権利」保障とは、当たり前のことを守ることであり、子どもの声（「意見表明の権利」）に耳を傾け、子どもの自治と社会参加を重視し、最善の利益を保障することが重要であること。人間は一人ひとり違ったものとして育つこと。人間は自分自身のやる気によって選びながら発達すること。したがって人間を画一的に扱い、「問いと答えの間」を短く粗末にしてはならないこと。一人ひとり違う人間が連帯し・結びつくこと、それは生命の根源的特徴であり、「ちがう　かかわる　かわる」ことが大切であること。子育てや教育は、創造的な仕事・アートであること。

大田先生は、私たちに語りかける。「子どもを守る運動は人類の根本的課題」であり、「子どもの声を世直しの糧に」していこうと。１９５２年の発足以来70年に近い歩みを続けてきた「日本子どもを守る会」は、大田先生の数々のメッセージから学びつづけ、子ども・子育ての今を見つめ、未来の展望を考え、子育てを通して世直しを追求していかねばならないと思っている。

# 二．鈴《すず》木《き》道《みち》太《た》の子ども論と子どもの権利認識

## 1．鈴木道太という人物への注目を

子ども・子育て研究と実践・運動の発展に向けて、戦前から戦後にかけて教育・児童福祉・少年司法と子ども文化の諸分野に貴重な足跡を留めてきた鈴木道太という人物に注目したい[20]。「鈴木道太」は、国《こく》分《ぶん》一《いち》太《た》郎《ろう》、村《むら》山《やま》俊《とし》太《た》郎《ろう》、佐《さ》々《さ》木《き》昂《たかし》らとならんで、戦前の生活綴方教育、生活教育、北方性教育運動のリーダーとして教育史において有名な人物である。その人と業績については、戦後の『親と教師への子どもの抗議』『教師への母親の抗議』をはじめ子どもや母親の生の声にもとづく教育論やロングセラーとなった『子ども会』など、家庭教育・地域教育の分野での活躍はめざましく、教育評論家として全国各地に講演に出向き、人気を博したことでも名を知られている。

ごく簡単に鈴木の略歴を辿ると、１９０７（明治40）年に宮城県白石市に誕生し、子ども時代を白石で過ごした。本名は鈴木銀一。宮城師範学校を出て、小学校教員となり、宮城郡荒浜小学校等において学校

内外での教育実践に打ち込む。教員仲間とともに生活綴方教育実践に取り組み、「北日本国語教育連盟」などの組織を結成し[21]、北方性教育をとなえて生活綴方教育運動を実践した。1940（昭和15）年治安維持法違反容疑で検挙され、実刑を受け3年間の獄中生活を送る。

出獄後は教職を離れ、1944（昭和19）年に大河原町役場の書記として再出発し、1948（昭和23）年からは宮城県の児童福祉司として児童相談所の仕事に従事した。児童福祉および青少年の保護育成の仕事を開拓しつつ、執筆活動・講演活動に精力を注いだ。県職員離職後は、山形女子短期大学に勤務し大学教育にも携わり、1991（平成3）年83歳で死去した。

戦後に執筆した著作は50冊以上もあり、生前に『鈴木道太著作選』全3巻（明治図書、1972年）が編集されている。

国連・子どもの権利条約の採択（1989年）と日本政府の批准（1994年）以降、子どもの権利を総合的に保障する課題への注目が集まっているが、教育、児童福祉、子ども文化、少年司法等の幅広い領域における鈴木道太の業績に貫かれているのは、子ども自身の声に耳を傾け、子どもの主体性と子どもの自治を重視すること、すなわち子どもの立場に立って考える視点であった。鈴木の著書をふりかえると、その底流につねに子どもの権利保障の視点が貫かれていたことを読み取れる。

## 2. 鈴木の「子どもの人権・権利」に関する論及

後に詳述するように、鈴木は子どもの生存権・生活権、学習権、幸福追求権の保障という基本的人権の内実を中核として、戦前期の教育実践を展開してきたのであるが、鈴木自身が「子どもの人権」という言葉そのものを使用し始めるのは、戦後のことである。

『明治図書講座・学校教育』がその第11巻で「生活指導」をとりあげた時、鈴木は地域的な組織における生活指導の事例として地域子ども会をとりあげ、「子どもの人権は平等でなければならぬ」という項目を立てて、子どもの発達問題を論じている。[22]また1956年12月号の『作文と教育』に寄せた論文「貧乏との対決とその意義」においても、戦前の生活綴方教育をふりかえりつつ、「つきつめれば、子どもの人権は貧富により大きな差別を持っていたのである」と述べ、戦後の社会と教育に関して、「このような社会意識で解放されれば、子どもの人権はまったく平等な基盤を持つ」と述べるなど、自論を展開する上でのキーワードとして「子どもの人権」を用いた。

鈴木におけるこうした「子どもの人権」の用語使用は、戦後日本社会における児童福祉法や児童憲章の制定などにおける子どもの権利認識の社会的高まりを背景としている。鈴木が残した蔵書の中には、厚生省児童局編『児童憲章制定記録』（中央社会福祉協議会、1951年）、中央青少年問題協議会編『別冊児童憲章』（日本少年教護協会、1952年）等、子どもの権利に関わる著書が多数含まれていたことを見ても、戦後社会の民主化の高揚の中で、児童憲章制定による新しい子ども観に立脚して、多くの著書・論文を執筆していたことは明らかである。

『子ども会――その理論と実際』（新評論社、１９５５年2月）には、「教育勅語」の子ども観を批判し、エレン・ケイの『児童の世紀』にも触れながら、子どもの自主性と協同性に基づく子ども会の運営が求められるとして次のように述べていた。「画餅にもせよ児童福祉法や児童憲章の生まれたことは、何という大きな収穫であろうか。」「子どもの自主性と協同性を土台として、大人がそれに力をそえ、貧乏人の子も金持ちの子も、地域の子ども全員がそれに参加する第三の型が好ましいと考える。これこそが、民主主義社会の、歴史の正しい見通しの上にたった『子ども会』ということができる」[23]と。

鈴木道太は、子どもの人権を総合的に保障するうえで、とりわけて「子ども会」の意義と役割に注目していた。子どもたち自身を、遊びと生活の主体、仲間集団の担い手、自ら生活を創造する主体として位置付け、権利が保障される受け身的な存在としてでなく、主体的に自らの権利を実現する主体としてとらえていたからに他ならない。鈴木の子ども会論には、子どもが集団をつくる権利、自治する権利、集団と自治によって発達していく権利が捉えられていた。鈴木の「子ども会論」は、鈴木が取り組んだ教育・児童福祉・子ども文化・青少年保護育成活動のすべてに関わる結節点ともいえる実践であり、鈴木の業績理解にとっては欠かせないポイントに位置づいている。そこで、まず鈴木道太の「子ども会論」について詳しく見て行くことから出発しよう。

## 3．鈴木道太の「子ども会論」の成立と特徴

### （1）鈴木道太の子ども会関連著作をめぐって

鈴木道太の「子ども会論」は、下記の5著がある。ⅰ～ⅲの内容は、基本的に同じであり（ⅰ、ⅱは書名のサブタイトルを変えたり、削除しただけで、本文は全く同じである）、但木卓郎が実技編（ゲーム指導）の分担執筆をしており、ⅳはタイトルを「子ども会」から「地域子ども会入門」にしたことにともない、内容において新しい展開が見られ、厚生省児童局の中山茂が「はしがき」を寄せている。また実技編は但木卓郎ではなく遠藤実が担当している。ⅴは、鈴木道太自身の少年時代の回想録であり、自叙伝的な意味合いのある書物である。自らの少年時代の交遊関係の中に「子ども会」の原点を探り、異年齢集団における子どもの自治と発達を体験的に論じた貴重な著書である。したがって、鈴木の「子ども会論」は、『子ども会』（ⅰ～ⅲ）、『地域子ども会入門』、『いたずら時代の人間形成』の3部作としてとらえることができる。

ⅰ『子ども会――その理論と実際』（1955年2月、新評論社）
ⅱ『子ども会――児童期の子どもの導き方』（1956年3月、新評論社）
ⅲ『子ども会――そのこころといとなみ』（1958年1月、新評論）
ⅳ『地域子ども会入門』（1961年7月、新評論）
ⅴ『いたずら時代の人間形成――子ども会の原点』（1969年7月、新評論）

特にこれらの中でも『地域子ども会入門』は、10刷を超えるロングセラーとして、民間・行政の子ども会関係者にひろく読まれ、全国各地の子ども会活動に、直接・間接の影響を与えてきた書物である。戦後著された、子ども会に関する手引書・理論書[24]の中で、鈴木の著書は最も広く普及し、各地の実践に影響を与えた書物といえる。

## (2) 鈴木道太はなぜ「子ども会」に注目したのか

鈴木が、戦後、宮城県で児童福祉司として直面した問題は、戦災孤児問題、浮浪児問題を中心に、不就学、長欠、年少労働の問題、覚醒剤、エロ・グロ出版物問題、売春問題など、まさに敗戦後の深刻な児童問題であった。青少年の健全な成長を求める国民の願いの中で児童憲章が制定されたとはいえ、1950年代初頭の現実の児童問題は、いずれも実践的解決が強く求められていた。

鈴木は、大河原町役場で、戦後いちはやく「文化民生課」を提案し、地域住民に深く根ざした救援活動に尽力した。さらに1948(昭和23)年からは、宮城県庁母子課に移り、児童福祉の仕事にうちこむ。鈴木は、児童福祉司として児童相談所勤務の体験の中で「多くの不幸な子どもたちが、家庭生活における両親の生活の不調整のなかから生まれてくる現実を、痛いほど見てきた」(『子ども会――その理論と実際』1955年版、あとがき)と述べ、何よりも子どもの立場に立脚して、家庭環境の改善問題に力を入れたのであった。

「私は、児童相談所で、何百人という不良児を見てきましたが、殆ど一つの例外もなく、その子どもたちは幼い時から少年の日まで、お父さんお母さんの用意する悪い環境の中で育っているのです」[25]という確信から、鈴木は1951（昭和26）年、名著『親と教師への子どもの抗議』（国土社）を著し、その序章は、「子どもの不良化は親の責任」と題して、当時の児童問題の中心であった不良児問題の焦点を「家庭の親のあり方」にしぼった。さらに、1953（昭和28）年に著した『親と子の新しい規律』（国土社）の中では、序章は「問題は家庭に」としつつも、前著が親のあり方を問題にしていたところから一歩進み出て、「単独の父や母の点の究明や分析だけでは問題になりません。それは『家庭』という面の考案でなければそのいきものを把むことはできません」「問題は家庭といういきている組織、子どもを支配する生活の支脈です。これを分析し、これを追求し、考案しなければなりません。[26]」と述べ、家庭の機能を総体として問題にしていく。

この間鈴木は、県吏員としての行政指導の場を生かし、宮城県青少年問題協議会の1952（昭和27）年運動方針として「健全家庭の表彰」を提唱している。全県から推薦された169家庭を綿密に調査し、その教訓を学び普及するとともに、全県下20数校、1万3000人にわたる児童の作文（質問は、①どんなとき家庭がいちばん楽しいか、②どんなときいちばんつらいか、いやか）を分析するという実証的な方法をとっている。鈴木の著作はこうした子どもの生の声と、足で実際に歩き調査した実話にもとづいているために、どの著もリアリティをもち説得力がある。

家庭における子どもの問題は、中心的には幼児期の子どもの教育の問題であることを認識し、次に「児童期の社会教育」の問題へと関心を広げていった。「正しい幼児の教育は、必然的に郊外《ママ》における正しい児童のあり方も考えなければ、片手落です」(『子ども会』1955年版「あとがき」)として、宮城県青少年問題協議会は1954(昭和29)年より、「健全家庭の表彰」とならんで「優秀な子ども会の表彰」を開始する。そして、この年の青少年保護育成運動期間中に、表彰された子ども会を会場にして子ども会関係者の研究会を開くに至った。こうした児童福祉行政・青少年育成を先頭に立って推進する中で、鈴木道太は「子ども会論」に着手したのである。[27]

鈴木の「子ども会」への着目は、不良児克服の焦点としての家庭教育振興をより本物にするために、地域社会で地域ぐるみのとりくみにおしひろげていくという運動的側面と、他方、幼児期から児童期への子どもの成長そのものが、家庭での親子関係の教育力だけでなく、地域の子ども集団の教育力を必要とするという発達的側面の双方から、煮つめられて形成されたものであった。単なる非行化防止の青少年対策としてではなく、異年齢の子ども集団の相互教育力と地域社会の人間関係がもっている人間形成力に注目した発達論であったところに大きな価値があったといえるだろう。

### (3) 鈴木道太の「子ども会論」の特徴

#### i 『子ども会——その理論と実際』(1955年2月)

第1章から第4章までの「理論篇」を鈴木が執筆し、第5章の「実技・ゲーム篇」を、但木卓郎(鈴木の同僚、宮城県母子課勤務)が執筆した。鈴木が執筆した内容は、次のように要約できる。

①波多野寛治の「人間形成の心理学」(『現代心理学』河出書房)に学び、人間の発達のすじみちを、乳児

期、幼児期、児童期、青年前期、青年期、成人期に区分し、「児童期」（7歳～11歳ぐらいまで）を「子ども会」の主対象に考え、特に中でも「ギャング・エイジ期」（8歳～11歳ぐらいまで）の子どもを「もっとも豊かに正しく遊ばせて、子どもの自主性と協同性をのばし、健全な社会性を身につけさせてやることにある」とする。

②「遊び」をぬきにして子どもは育たない。遊びが子どもの生活の全部であり、遊びの中で子どもは全人格をさらけ出す。しかし「ギャング期」の遊びが大人を避けてなされるために、時として、望ましくない方向に落ち込む危険性がある。そこで「子ども会」の組織と大人による指導が必要だとする。

③「子ども会」の基本単位は「自然発生的な地域集団」である。「いつも遊んでいる地域の集団こそが『子ども会』の単位となる」。

④指導は、グループ・ワークの理論で行うのが良い。

⑤「子ども会」の特徴は次の四類型に整理できる。㋑大人が与える子ども会――ⅰ大人の趣味で子どもに娯楽や文化財を与えるもの（「愛鳥会」「仏教子ども会」など）　ⅱ大人が利用する子ども会（「少年パトロール」など）、㋺自然発生的なギャング期の地域集団、㋩大人と子どもの協力でつくる「地域子ども会」、㊁学校の自治活動をそのまま校外に移したもの（「学校児童会」）である。

⑥大人の援助の必要と「補導員」の組織化が必要である。

⑦学校教育と子ども会は車の両輪である。教師の任務は、㋑子ども会に生きる教室実践、㋺地域の補導員との連携、㋩子ども会のリーダーの訓練と指導にある。

⑧子どもが会の運営と活動内容については以下の点がポイントである。㋑子どもが自分たちの手で取り組むこと（指導の根本は教師がにぎっても「個々の子ども会は、教師が指導しないこと」「父母や、大学生や高校生など社会資源の力を借りること」）、㋺「会議を生活の必要の上にたたせる」こと、㋩子ども図書館、展覧会、紙芝居、人形劇、学習会、社会奉仕、子ども会旅行、生産とむすびついた活動（兎クラブなど）。

⑨指導の根本精神は、働いている貧しい人々の願いを大切にして、すべての子どもが参加できること、ヒューマニズムの精神でとりくむこと。

以上、特徴をまとめてきたが、特に注目しておきたいのは、鈴木が執筆した「第3章　子ども会の組織と運営」である。鈴木は、子ども会の運営の実際を紹介するにあたって、後に『いたずら時代の人間形成』（新評論、1969年）のなかで詳述することになる自らの子ども時代の体験をもとにして描いている。子ども会はあくまでも子ども自身の必要と要求を土台にして、子ども自身の取り組みを重視すること、すなわち自治の大切さを強調するとともに、「子どもの会議」などの指導が形式的にならないように「相談というものは、子どもの本当に生活的な必要の上に立ったものでなければ、ただの遊戯になるし、空回りになる」[28]という警鐘を発していた。

**ⅱ『地域子ども会入門』（1961年7月）**

第1章から第4章までの理論篇を鈴木が執筆し、第5章の実技・ゲーム指導については遠藤実（宮城県児童会議の指導員）が執筆している。前著の出版以降の取り組みへの批判（形の上では子ども会が増えたが、正しく運営されていないこと）と、自説の再検討を行い「子ども会論」をより整理して提出した。前著を再検討し、発展させた論点は次の通りである。

①前著では「子どもの自然集団」を「子ども会」の基本単位として子ども会の類型の一つに加えていたが、その誤りを訂正し、「自然集団」を「基本的な軸とはするが、子ども会はおとなが人為的に作り上げたもの」とした。

②子ども会という人為的生活集団がなぜ必要かと言えば、それは「うまく適応できない欠陥を補って、たくましい自然集団の生き方を軸としながら、人為的に加工し、調整してやるのが子ども会」である。

③子ども会は「地域子ども会」という形（地域の子ども全体を組織した町ぐるみ・村ぐるみの子ども会）をとることにより「日本独自のもの」になるという。

④子ども会の指導者は、㋑行政指導者、㋺育成指導者、㋩技術指導者の三つがあり、互いに協力し合うことが望ましいとする。

⑤地域全体の親が子ども会に関心をもつようにし、子ども会の発展の「最後の段階として『親子会』を提唱する」。この「親子会」こそ、日本の家庭と地域社会の体質を変えていく契機になる。

鈴木が書名そのものを「子ども会」から「地域子ども会」に変えたことの中に、大きな意味がある。そこには、前著とともに全国に広がった「子ども会」が、子どもの不良化防止と児童文化の育成にあることは変わりないが、ボーイスカウトのような一部の子どものための集団ではなく、「町ぐるみ、村ぐるみの子ども集団」となり「地域の親をも組織することによって新しい民主的な親子関係の確立にも寄与する」

ことになるとした点である。[29] この著は「地域子ども会の手引きであると同時に、子どもの問題に関する両親教育の書」（中山茂まえがき）と言えるものでもあったのである。

### iii 『いたずら時代の人間形成――子ども会の原点』（１９６９年７月）

高度経済成長期の中で現れた子どもの生活の変貌、とりわけ、子どもの遊びと地域の自然集団の喪失を目前にして、自然集団の中での遊びが、いかに人間形成にとって重要かを、自己形成史を素材にして自伝的に著した。そして自然集団による遊びの人間形成の問い直しこそ〈子ども会の原点〉を問い直す視点でもあることを鋭く示唆している。

「わたくしは、この本を、いわばわたくしの『子ども会の原点』あるいは、『子ども会以前』のつもりで書いた。こんにちの日本には、それこそ何十万という『子ども会』があるけれども、ほとんどが張子の虎であり魂のない人形である。もし血のかよった健康な子ども会の運営をのぞむなら、不遜な言い方には似ているけれども、『いたずら時代の人間形成』の原理を根本のところにすえてかからねばならないと思う。もう一度子どもを野性にかえして、よく遊び、よく遊べといってやりたいというのがわたくしの願いである。」まえがきに記されたこの一節に、鈴木の想いが凝縮している。鈴木は、前著（特に『子ども会――その理論と実際』）のなかにも、具体的事例として、自らの少年時代の体験を部分的に紹介していたが、地域を舞台にして繰り広げられる野性味あふれる子ども集団の姿がトータルに活写されている。そのポイントに注目すると以下のようになる。

「いたずら時代の人間形成」の原理とは、自然発生的な異年齢集団の人間形成力のリアリティにある。その内容は〔①子ども同士の指導（手ほどき）の厳しさと配慮、②矛盾・葛藤・対立（ケンカ）による社会性の錬磨、③規律・制裁（組ぬかし・のけもの）による自己中心性の克服、④ガキ大将の資質、資格、条件と仲間の掟・ルール、⑤ギャング期の子ども集団と大人社会との確執のリアリティ、⑥いたずらへの容認と否定、⑦大人社会のまねごと遊びと、伝統文化の継承〕などである。

鈴木のこの著には、「非行」と題して子ども時代の盗みやいたずらのスリル感や、「幼い性」と題して、性の儀式やいたずらなどがリアルに描かれており、「健全育成論」や「道徳論」からみると、禁止すべき逸脱行為のようにとらえられがちである。しかし鈴木のこの著は、異年齢集団の持つ教育力とはいかなるものか、地域の中の子ども社会を通して子どもが育つとはどういうことか、そもそも「子ども」とはどのような存在かについての根本的な問題提起を含んでいる。[30]

### （4）鈴木道太の「子ども会論」が提起したもの――教訓と問題点

鈴木が主に対象にしていたのは（特に著書ⅰ、ⅱ、ⅲでは）、「高度経済成長」政策による地域の変貌が顕在化する以前の1950年代の地域社会と、そこでの子どもの生活と集団の問題であり、異年齢集団による子どもの発達問題であった。日本中どこにでも子どもの異年齢集団が自然集団として存在していた時代条件の下で形成された理論であるが、子どもの成長と発達を保障する地域の生活・活動・組織のあり方を考えるうえで、鈴木の「子ども会論」は、次の論点において示唆的である。

第一は、子どもの発達的特徴を、地域の子ども集団とその生活・活動に即しつつ実証的・体験的に明らかにしようとしたことである。特に「子ども会」の意義を、「ギャング・エイジ期」の発達保障の観点を軸にして論じている点は注目すべきである。

第二は、子どもの異年齢集団と自治のもつ教育力に注目し、地域の子どもの自然集団を「子ども会の原点」としておさえ、そこに働く教育力のリアリティを重視しつつ、大人の側からの指導力を働かせていく人為的集団として「地域子ども会」を把握した点である。

第三は「地域子ども会」と「自然集団」のもつ教育的機能を、学校教育、家庭教育と相対的に独自なものとして重視するとともに、その能動的役割に着目していたこと。

第四は「地域子ども会」の組織と運営は、子どもたちの日常の地域生活の必要に根ざし、親たちの生活と地域の生産にかかわるものであることが指摘されるとともに、親たちの協力により村ぐるみ・町ぐるみのとりくみとして発展していくことが求められていた。

そして第五に、「地域子ども会」指導は、その基本をヒューマニズムの精神におき、社会的弱者により配慮の目を注ぎつつ、すべての子どもたちを歴史の担い手に育て上げていくことを強調していたこと等である。

以上の先駆的な提起とともに、鈴木の著書には、いくつかの弱点がある。

それは第一に「子ども会」の活動内容として実技篇が単なる遊びとゲーム指導に流れていき、理論篇での問題提起を生かすものになっていない点である。第二に、戦後子ども会活動の指導理論として導入された「グループ・ワーク理論」への批判的検討がなされていないことである[31]。第三に「子ども会」の組織化の主体である地域住民組織の分析が鮮明でないことである。一口に村ぐるみ・町ぐるみといっても、地域には、様々な政治的・実利的力関係が交錯している。そうした地域分析・組織主体分析ぬきの組織論は、活動の発展方向のあいまいさをもたらす。鈴木の「地域ぐるみ論」は住民諸階層間の矛盾克服の方向性のあいまいな運動論となっている。[32] そして、第四に「指導者論」における青年の位置づけと、父母、教師、青年相互の問題が十分煮つめられていない点などを指摘できる。しかし以上の論点におけるあいまいさを持っていたがゆえに、鈴木道太の「子ども会論」は、立場の違いを超えてひろく子ども会関係者に読まれたともいえるのである。

いずれにしろ、戦後いち早く、具体的な活動に根ざしつつ、子どもの人権と発達の保障の立場に立って提起された鈴木道太の「子ども会論」の先駆的役割は大きく、「おおくの働いている貧しい人びとの願いにこたえて、恵まれない子どもたちの声なき声に聞いて、明るい共通の広場をきずき、その陽の当る庭のなかで、正しい自主性と協同性を培い、未来の歴史の担い手である子どもたちを育てること、これは、わたくしたち大人の厳粛な義務である」[33] という鈴木の主張とともに、今日なお引き継がれ、検討、発展させられるべき先駆的業績であると考える。

## 4. 鈴木道太の戦後子ども会論の背景

### （1）原点としての「いたずら時代の人間形成」——子ども集団の自治の原像

先に見たように「子ども会の原点」の副題がつけられた『いたずら時代の人間形成』には、その第1章で異年齢集団のなかの人間形成として、地域の子ども仲間、ガキ大将集団の姿が、鈴木道太の子ども時代の記憶を振り返りつつリアルに描かれている。そこには、子どもの集団と自治の発達論的意義が体験的に描かれており、子どもの権利と発達の問題を考察する上で重要な手掛かりとなる。鈴木の回想を手がかりに、ポイントとなる叙述を取りだして見よう（文中の人名は、鈴木の著書のままである）。

### i 子どもたちのいたずら・わるさをどう見るか

子どもたちは、清一の親父（古着屋）の目を盗んで倉庫に入り込み、そこで遊ぶスリルがたまらない。ホコリが充満した中での遊びだったが、その秘密めいた遊び場の魅力にのめり込んでいく。鈴木は言う。「もし、おとながその毒害のほうだけに目をむけて、こういう秘密の場所をとりはらい、少年の世界が明るい透明なものだけになってしまったら、少年はやっぱり、どこかにその秘密の場所を探し出したことだろうと思う。明るいところばかり泳ぐ魚はいない。時々は暗いところが欲しいのだ」[34]と。

近所の家の無花果《いちじく》を夜に盗む計画をたてたり、昼間から下見をして隣家の杏を盗む算段をしたり、連れだって川に水泳に行くときには、途中の畑からキュウリ泥棒をしたり、いたるところに組織だった悪さ・いたずらの場面が描かれている。鈴木はそれらを「非行」と書きつつも、「店に行っても売っていないつまらない無花果が、なぜそんなに大きな魅力となるものだろうか。それは子どもの時に、曲がった折れ釘や、欠けたレンズや、ビー玉や手あかのついたメンコが子どもの宝物であるというのと似ている。おとなとはちがった次元で価値を見ているのである。宝物も自分でえらんだということ、盗みも自分がえらんだということ、そこに値うちがあるのである。けっきょくは、これらすべてのことが自立への足場になるということである」[35]と分析している。

### ⅱガキ大将の資質と役割

魚取りの網を持って来た甚一は、みんなで取った魚を独り占めしたまま帰ろうとした。するとガキ大将の長太郎がその態度を追及する。そこではガキ大将の力量が試される。長太郎は自分では一匹も取らず、取った魚をメンバーみんなに分けるのだ。分配の基準は働きに応じ、着物の裾の濡れ具合でそれを見て分配した。

子ども集団において、ガキ大将になれるかどうかもシビアな世界である。腕力が強いだけではボスになれない。取った魚を活躍にそくして的確に分配することなどの技量と統率力が必要である。鈴木自身もボス争いで、足首に手痛い捻挫をしたことがある。稲荷社の後ろの崖で、隣町の虎次に「長町のやつには飛べるやつはいないのか」と挑発され、プライドから、メンツを示すためにライバルの英次とならんで崖の上に上がった。あまりの高さに英次は逡巡したが、銀一が先に飛び降り、勇気と決断を示したものの、見事に捻挫してしまう。後にライバルの英次は、銀一に密かにメンコ20枚を渡した。こうして銀一はガキ大将の地位を確立したのである。

### ⅲ集団の内部規律の厳しさと身を守る知恵

子ども集団における内部規律は厳しい。それは遊びの「組抜け、仲間外れ」の厳しさで表現される。銀一少年は、仲間に見せびらかそうとして、家にある刀の持ち出しを企てたが家人に見つかって失敗したために、約束を破ったことで「組抜け」にされ、その時味わった集団の掟のきびしさを回想している。「子どもにとって、遊び仲間は世界のすべてなのである。これを失うことは、世界を失うことである。」[36]と。

子ども集団は遊びにおいて、みんなで遊ぶ楽しさのために集団で身を守る術を身に付ける。子どもたちの格好の遊び場である白石川には、年齢と能力によって泳ぐ場所が決まっている。子どもたちの憧れは、玄四朗淵の岩場（1段から5段まであり）から飛び込み、亀の子石まで泳ぐことであった。溺れそうになりながら泳ぎを覚え、度胸、自信、冒険心を鍛えていく。そこでもガキ大将は、一方で勇気のでない子に手荒い洗礼を加えつつ泳ぎを覚えさせると同時に、常に仲間に目を配り、集団で命を守り合うことを忘れない。

### iv自主的な企画、組織、実行——自治の力と文化の創造

仲間とともに、自分たちですべてを企画し、取り仕切って実現し、成功させた「幻燈会・花火大会」の思い出も出色である。持っていた凸レンズで幻燈機を手作りし、幻燈会と花火大会を企画した。入場券つくり、学齢前の子に招待状を出し、地域の子どもたちが大勢集まる。うわさを聞いて足を運んだ大人を来賓席（酒店の夕涼み用の縁台を借り出して）に案内する。制作した「こがね丸」の幻燈と手づくり花火は、参加者の感動を誘い、夏の夜のこの企画は大成功した。お楽しみ会の企画と運営、子ども自身が主体となって創造した地域の文化活動の体験が、後の大河原町役場での地域演芸会や地域文化活動の企画と運営の際に大いに役に立ったと回想している。子ども時代に、仲間とともに自主的・自治的にやり遂げた体験が、将来に生きて働く力の土台を耕していく。鈴木道太の「子ども会論」成立の背景には、少年時代の異年齢

集団の体験、すなわち「いたずら時代」の仲間集団の生活体験にその原点があったのである。

### （2）子どもの権利保障の先駆的実践と理論

#### i 荒浜小学校での実践（1928～1932年）

鈴木道太が宮城師範卒業後、最初に赴任した荒浜小学校での実践は、戦後の彼の「地域子ども会論」に直接つながる最初の発想が包含されていたと言える。鈴木は部落内の子どもの自然集団を単位として学級内に班をつくり、班長（村会議員と呼ぶ）と級長（村長と呼ぶ）を中心とした自治活動の指導をとおしての学級集団づくりをすすめた。さらに鈴木の教育実践の特色は子どもの仲間づくりを、地域社会にまで広げて構想したことであり、そこに、戦後「地域子ども会」に結びつく着想の芽生えがあったといえる。

「私は、部落毎に一つずつ組織を作ろうと思った。子どもたちの生まれ育ってきた地域社会は、子どもたちにとって一番利害の共通する社会である。だから、ここに一つずつ喜びと悲しみを一つにする組織を作り、それを学級全体にひろげて、秩序と協同の大きな教室にすることだ。[37]」と構想する。

小学校内には少年産業組合（養兎、養鶏など）により実労働を通して集団的結合をはかり、「学級集団の行動を決定する最高機関」として自治会を置いた。鈴木は、荒浜小学校におけるこの実践を「集団主義教育」と名づけていた。[38]鈴木は荒浜で村人の生活の中にとけこみ、まず青年層（蒼穹会という青年組織をつくり、雄弁大会、農民劇、読書会、運動競技会などにとりくむ）と、村の指導者層との接触（農村研究会に村の壮年層を組織し、地方自治制度や小作組合法などについて学習会を開く）を強めていた。

当時の進歩的教師、知識人が、封建遺制として否定的に扱っていた村の共同体的生活の中に、鈴木は全面的に入り込むことによって（「荒浜ではあまりに部落の生活の内部に入りすぎた」と前掲『生活する教室』で回想するぐらいに）、住民各層の組織化を目指し、その連帯の中に生まれた人間形成力を学校と教室に作用させるかたちでの学級集団づくりを行ったのである。

戦前鈴木が提起していた「集団主義教育」の実践は、いわば《村づくりに根ざした学級づくりと地域の子どもの組織化》構想であり、戦後の鈴木の「子ども会論」成立に向けての前史として位置付けることができよう。[39]

### ⅱ学校内外の子ども集団・自治・組織に関する理論化

『北方教師の記録』には、「荒浜を去る日に、『教育論叢』の懸賞論文「集団主義教育論」が当選した」「それ以来私は毎月この雑誌に論文を寄稿することが出来た」とある。[40] 当選した１９３２年の懸賞論文（「学級・集団・技術――集団主義の理論と実際」）は、鈴木道太が中央論壇へ投稿した最初の論文であり、それ以後鈴木は『教育・国語教育』『綴方生活』など、多くの生活綴方関係の雑誌に名を連ねていくことになるが、この論文は鈴木にとって、その後の活躍を運命づけるデビュー論文であった。[41]

鈴木の懸賞入選論文の内容を紹介すると、つぎのような構成になっている。

①村落集団の組織化（青年層の組織化、壮年層の組織化、子どもの組織化）

スポーツ組織、農民劇研究会、科学協会、児童劇協会、少年産業組合

②学級・学校自治会の組織化

政治部、経済部、学芸部、運動部

③各学科における集団教育技術とは

1修身、2国語（①読方、②綴方）、3算術、4国史、5地理、6理科、7図画・手芸、8体操

このように、学級・学校の子どもの自治集団づくりと、学校外・地域での子どもの集団づくり、青年や親たちの集団づくり、生産や労働、文化芸能、産業組合なども視野に入れたものであり、しかも各教科における集団意識を高める教育と結びつけた包括的・体系的な枠組みを提示したものであった。鈴木道太の学校内外における「集団教育実践の全体構造の把握」のスケールの大きさが窺える。

特に注目すべきは、鈴木は「私は、学級における集団を、学級外の、村落又は都市の集団の、一分団として、又は協力して進展すべき友朋的集団として理解する」[42]とのべ、学校内外の子ども集団づくりの視点を学校外におき、学校教育の側からではなく、地域の生活の側からもとらえていたことに注目しておきたい。鈴木は「常に学級（集団）を社会（集団）と結びつけて教育する」ことをめざしていたのである。学校内外をつないだ子ども集団の形成を構想して、「村落のいろいろの行事に児童の集団は入っていかねばならない」とし、さらに「児童を村落に送り込むと共に、村落を学校に迎え入れねばならない」「学校と村とが一つの釜の中で、煮詰められねばならない[43]」ととらえていた。

鈴木の構想は、①学級・学校の子どもの自治集団づくりと、②学校外、地域での子どもの集団づくり、③青年や親たちの集団づくり、さらに④生産や労働、産業組合なども視野に入れた体系的なものであり、⑤しかも各教科における集団教育の可能性と結びつけた包括的・体系的な枠組みが提示されている。

## 5．子ども会論の背後にある人権の思想――鈴木道太の「子どもの人権」論の基本骨格

### （1）幸福を追求する権利

鈴木の実践の大目的は、子どもたち一人ひとりが幸せになること、すなわち幸福追求の権利の保障にあった。最初の赴任地である荒浜小学校の次に赴いた吉田小学校で、鈴木は新たな気持ちで新任地の子どもたちとの実践的格闘を始める。この時の実践を記した「手旗」に、有名な鈴木の実践目標が示されている。鈴木が子どもたちへの「手旗信号」として教室に貼りだした紙には、次のように書かれた。

「一人の喜びが　みんなの喜びとなり
ひとりの悲しみが　みんなの悲しみとなる……教室[44]」

鈴木は「一番大事なことは幸福になるということだ。それも、自分ひとりが幸福になるのではない。すべての人が、みんなが幸福になる」ことだと主張する。

鈴木は子どもたちに語りかける。「私たち62人、先生も入れて63人がここに一緒になっている」「一人の喜びが、63人の喜びとなり、ひとりの悲しみが私たちみんなの悲しみになる。そういう教室を、村を、日本を、そして世界を作りたい」と。教室での学習、学校での学びの意味と目的が、万人の幸福の追求にあることが明確に示されており、幸福追求権の実現が大目的とされていたのである。[45]

## （2）平等に生きる権利実現に向けて――生活台を見つめ、生活知性を育てる

幸福追求に向けての学びは、同時に貧困と差別と抑圧からの解放を実現するために不可欠であり、鈴木が追求した北方教育、生活教育は、まさに平等に生きる権利の実現に向けての解放の教育であった。鈴木は「北方性教育とは、この封建的な遺制からの解放を目標とするものでなければならない。生産力の発展による労力強化からの解放、人が人を支配する奴隷的圧迫からの解放、この解放のてだてを教えること、それこそが北方教育である。そのためには、北方人の持っている強烈な野生を発条にして、生活の意欲を培い、高い逞しい生活の文化を築き上げることである。観念的な知識の堆積でもなく、小賢しい概念の習得でもなく、肉体化した具体的な文化の建設。所謂《いわゆる》この生活台に立って、生活を学び、生活をたかめていく意欲的な文化を、即ち、骨の髄まで『勤労生活者の精神』を身につけさせる教育こそが、北方地帯における生活的必要をみたす教育である」という[46]。

生活綴方教育は、幸せに生きる権利、平等に生きる権利の実現に向けて、自らが置かれた生活を見つめ、生活を高めていくために、何よりも子どもたちの内面の人権意識を掘り起こして高めていくために必要な方法だったのである。鈴木の言葉を借りれば、それは「生活台」を見つめ、「生活知性」を喚起し、「生活工夫」をするための学びであった。

## （3）生活を綴り、権利意識をたかめる学び――学習権が意見表明を支える

生活知性を喚起するためには、生活台を見つめて、思った通り、見た通り書くという「言葉の写生、素朴なリアリズム」によって生活を綴り、「概念を崩し」ていくことが不可欠であった。そのためには、ねうちのあるものに焦点を定めて詳しく書くことが必要だという。[47]ところで、書くべきねうちのあるものとは何か、鈴木はその焦点を「下の生活」に見ていた。すなわち、それは貧困・差別のくやしさ・悲しさである。

「子どもたちの物を観る態度に、私はいつも一つの物指をあてている。それは、『下の世界から証明する』という尺度である。喜んだり、笑ったり、……下の世界を通した、喜びや悲しみでなければ、人間のこころはその深いところからは動かない。[48]」と鈴木は指摘する。鈴木の「子どもの人権」論は、貧困と差別への批判を核にして、抑圧されている「下の生活」から考えて意識改革をすすめる教育方法を土台にしていたのである。

## （4）子どもの意見表明と集団の自治

1949年に出版された『こどもから親への抗議』（宮城教育図書出版協会）および、同著をベースに教師への子どもの抗議の部分を追加して出版され版を重ねつづけたベストセラー『親と教師への子どもの抗議』（国土社、1951年4月）は、第5回毎日出版文化賞候補にもなり幅広い読者に読まれたが、戦後の子ども論・子育て論において、子どもの権利（意見表明権）の視点が貫かれた先駆的な業績であることは間違いない。

しかしそれ以上に、鈴木の「子ども会論」は、自己形成期の体験と、教育実践の事実と、理論的総括を踏まえて、子どもの異年齢集団の自主的な遊びや文化活動がもつ発達論的意義を明らかにし、子ども集団の自治が、子どもの生活と文化と発達を保障する上での基本的な権利であることを提起している。

子どもの権利条約の採択と批准によって、条約の規定にそって提出された政府報告書をめぐる国連子どもの権利委員会での審査、勧告がなされているとき、子どもの意見表明の権利にとどまらず、子どもの成長・発達にとっての遊びの権利、子どもの集団と自治の権利に関する内容をどのように深めていくかは、大きな課題である。その課題を考えるにあたって、戦前戦後の実践を通じて学校内外の子どもの自治論、子ども会論を提起してきた鈴木道太の業績は、先駆的であると同時に根本的な問題が提起されており、今なお異彩を放っていると思うのである。

（補章の注）

1 『大田堯自撰集成Ⅰ　生きることは学ぶこと　教育はアート』藤原書店、2013年11月、10頁。大田先生は、全4巻と補巻からなる自撰集成全体にわたる序論の附記の中で、漢字・カタカナ表記の翻訳語・専門語は一般の人々の感性との間に溝があるとして、その溝を埋めるために、公衆への「語り」という形式で感性にひびき合うかたちで「語りなおしてみる」ことを実践された。

2 『子どものしあわせ』2019年4月号に「子どもを守る」紙上に掲載された大田先生の発言の全リストと主要なコメントが掲載されている。私は守る会の仲間の協力を得て、機関紙「子どもを守る」に寄せられた大田先生の記事・論稿100篇におよぶすべてをリストアップしてみたが（2019年4月号の『子どものしあわせ』誌に掲載）、短い「語り」のなかに、大田先生の研究的メッセージが集約されている。たとえば、「子育てに必要なものは」（1978年2月15日号）、「子育ての共通知見を」（197

8年12月15日号)、「子育て談義」(１９７９年4月15日号)など。また２０１９年4月号から毎月「大田先生に学び・未来を考える」が連載されているので、ぜひ参照していただきたい。

3　１９８９(平成元)年版『厚生白書』には「子育て家庭の支援」という小見出しが見られ、翌１９９０年版には「子育て支援」対策の内容として、保育所、相談支援体制、母子保健、経済的支援などに言及されている。

4　「民間教育史と習俗研究」『民間教育史料研究』11号、１９７５年7月(自撰集成・補巻所収)によれば、１９６０年代半ばころから「柳田国男らの日本民俗学が発掘してきた民衆の子育てをめぐる行事・習慣・観念などについて注目するようになった」(３０４頁)とある。研究仲間と共に教育の習俗の勉強に、岐阜県、沖縄、中津川周辺に出向き、古老に聞き取りをしたことが記録されている。その様子の一端を「子育ての里」(１９７８年、自撰集成・補巻、３１０~３１３頁)などの記録からうかがい知ることができる。

5　『大田堯自撰集成3　生きて　思索と行動の軌跡』藤原書店、２０１４年4月、１４０~１４１頁。

6　大田堯編著『戦後日本教育史』岩波書店、１９７８年6月、３５１~３５２頁。

7　〈療育〉の概念は未だ未確立だといわれるが、古くは障害児の分野において高木賢次によって肢体不自由児の治療・職能訓練を統一的にすすめる活動として提唱されたという。情緒障害児や精神遅滞児に対する「治療教育」や、看護学校における「養護・訓練」を〈療育〉の内容としてとらえることもあるが、近年ではリハビリテーションの概念とほぼ同義としてとらえられているという(『現代教育学事典』労働旬報社、１９８８年)。また、児童福祉法第19条には、「保健所長は、身体に障害のある児童につき……必要な療育の指導を行なわなければならない」と規定されている。最近では、池添素『子どもを笑顔にする療育――発達・遊び・生活』(全国障害者問題研究会出版部、２０１９年10月)が療育概念を拡げている。

8　大田堯・中村桂子『百歳の遺言――いのちから「教育」を考える』藤原書店、２０１８年4月、9頁。大田先生は、明治初年にエデュケーションの訳として「教育」の用語が採用されたことに疑問を呈し、２０００年前に編まれた中国の辞典『説文解字』に拠りながら、特に「教」の字が上から下への施しの字義を有していること、福沢諭吉が『時事新報』のなかで、「教育」という訳はおかしい、「発育《はついく》」とすべきだと述べていたことを、たびたび紹介している。(大田堯・山本昌知『ひとなる』藤原書店、２０１6年10月、30~33頁。

9　大田先生は、学習権は子どもにとって最も重要なもので、「学習権は生存権の一部」（『自撰集成4　ひとなる――教育を通しての人間研究』202頁など）と捉えている。

10　『自撰集成4　ひとなる――教育を通しての人間研究』127頁、その他「子どもの遊びの中には、人間になるのに欠くことのできない要件というものが、備わっている」同著、89頁などの指摘がある。

11　「甦育」の概念については、竹原幸太『失敗してもいいんだよ――子ども文化と少年司法』本の泉社、2017年。

12　「子ども仲間の中での子どもの発達は、いわば〝投げ捨て〟といわれているように、子どもの自治に基づいており、そこで言語、思想、認識や行動の仕方が子ども集団の中で、創造的に形成され、〝一人前〟への重要な基礎が準備された」という。『教育研究の課題と方法』岩波書店、1987年10月、281頁。

13　その他《育》の中には、知育・徳育・訓育・体育などがあるが、それらは、《教育》概念の中に、食育は《養育》概念の中に含まれる。また《保育》は養育と教育が統一された概念であるが、さらに豊かな概念としてその内容を検討する必要がある。

14　「成育医療基本法」の定義は次のように規定されている。「この法律において『成育過程』とは、出生に始まり、新生児期、乳幼児期、学童期及び思春期の各段階を経て、おとなになるまでの一連の成長の過程をいう。」「この法律において『成育医療等』とは、妊娠、出産及び育児に関する問題、成育過程の各段階において生じる心身の健康に関する問題等を包括的に捉えて適切に対応する医療及び保健並びにこれらに密接に関連する教育、福祉等に係るサービス等をいう」。

15　日本学術会議の子どもの成育環境分科会（仙田満委員長）が、2008年8月に「我が国の子どもの成育環境の改善にむけて――成育空間の課題と提言――」をまとめ発表した。同分科会（木下勇委員長）によって2020年に同名の提言がまとめられている。

16　子どもの権利条約市民・NGO報告書をつくる会『日本における子ども期の貧困化――新自由主義と新国家主義のもとで』（日本語版）2018年3月18日、「はじめに」より。

17　荻上チキ・内田良編著『ブラック校則――理不尽な苦しみの現実』東洋館出版社、2018年8月。

18　大貫隆志編著『指導死』高文研、2013年5月。

19　『自撰集成4ひとなる――教育を通しての人間形成』藤原書店、2014年7月、18頁。

20　詳しくは拙編著『鈴木道太研究』明誠書林、2021年3月を参照のこと。

21 『北方教育の遺産』（百合出版、1962年）の中には、グラビアページがあり、若き日の鈴木をはじめ「北日本国語教育連盟結成準備会」の貴重な写真が掲載されている。また本文には、鈴木の個人雑誌『綴方評論』1934年10月発行の巻頭論文「綴方に於ける地方性と北方性」が収録されている。
22 鈴木道太「地域的な組織においての生活指導――主として『子ども会』について」、小川太郎他編『明治図書講座学校教育　第11巻・生活指導』、1956年5月、109頁。
23 鈴木道太『子ども会――その理論と実際』新評論社、1955年2月、71～74頁。
24 鈴木の子ども会論と同時期に出版された子ども会に関する文献としては、川崎大治『子どもがつくる子供会』大雅堂、1949年3月、日本民主主義教育協会『子ども会――指導者のために』ナウカ社、1949年7月、菅忠道『私たちの子ども会』東西文明社、1957年3月などがある。
25 『親と教師への子どもの抗議』国土社、1951年4月、11～12頁。
26 『親と子の新しい規律』国土社、1953年6月、8頁。
27 宮城県における県吏員としての鈴木のとりくみは、1949（昭和24）年より青少年保護育成運動が実施され、青少年問題協議会を通じて青少年の不良化防止対策でもあり、当時の国レベルの青少年対策と呼応したものであった。
しかし、鈴木の主導した方法は、単に表面的な上からの行政指導ではなく、つねに子どもと親の立場にたって、とりわけ子どもの権利表出としての生の声を集め、真の願いをつかむために現場に出向いて面接調査するという徹底した実証的方法をとったことである。そこに、青少年問題協議会による不良化防止対策ではあっても「家庭教育の振興」や「子ども会の振興」が、単に形式的なかけ声や対策的発想からぬけ出て、より系統的に子どもの権利を保障し、成長・発達を追求する方向に進み得た方法的根拠がある。
28 『子ども会――その理論と実際』新評論、1955年2月、122頁。
29 『地域子ども会入門』新評論、1961年7月、275～276頁。
30 鈴木のこの著については、拙著『子ども組織の教育学』青木書店、1986年、『地域づくりと子育てネットワーク』大月書店、1986年等で評価し引用したことがある。

31　たとえば、戦後編集された民教協（民主主義教育協会）の『子ども会』（ナウカ社、１９４９年）ではその理論的検討のポイントが「新教育という偽装民主的な方法」としての「グループ・ワークという民主的な形式による子ども会の指導」という形式主義を指摘し、子どもの〈「欲求」に対する掘り下げの態度〉と〈「欲求」の解決のしかたに対する態度〉の違いに、指導上の質的差異をみようとしていた。

32　中村拡三『子ども会活動入門』明治図書出版、１９６６年3月や城丸章夫『地域子ども会』草土文化、１９７７年10月における地域住民組織や住民運動の捉え方と比較してみるとよい。

33　『子ども会』１９５５年版、１８８頁。

34　『いたずら時代の人間形成』新評論、１９６９年、１２０頁。

35　同前、１２５頁。

36　同前、54頁。

37　『鈴木道太著作選』第1巻、明治図書、１９７２年、１０８頁。

38　この時期の鈴木の実践について詳しくは『北方教師の記録』麦書房（原題は『生活する教室』東洋書館、１９５１年６月、『鈴木道太著作選』第1巻、明治図書にも収録されている）。当時『教育論叢』の懸賞論文として当選した「学校・集団・技術――集団主義教育の理論と実際」１９３２（昭和７）年4月号にこの時期の考えが収録されている。

但し、鈴木のいう集団主義教育は当時プロレタリア教育運動の中で使われていた社会主義革命後のソビエトにおける集団主義教育の主張とは異なることに注意する必要がある。

39　鈴木自身も戦前の荒浜小学校や吉田小学校時代の実践を念頭に置き、戦後の子ども会論につなげて論じている個所も多い。『子ども会』１９５５年版所収の「農村の子ども会、兎クラブ」の項目では、凶作で子どもが授業料を払えない時に、部落ごとに班（家族）を編成して、級長を教室村の村長とし、どじょう掘りや、貝とり、兎の飼育をして「ひとりの喜びが、みんなの喜びとなり、みんなの悲しみが、みんなの悲しみとなる」実践をおこなったこと、「生産と結びつくのが、農村子ども会の特徴ではないかと、いまにして、私は考える」と述べている（１６０～１６２頁）。

40　『鈴木道太著作選』第1巻、明治図書、１９７２年10月、89頁。

41　1932年「学級・集団・技術——集団主義教育の理論と実際」（『教育論叢』）。
42　前掲論文、30頁。
43　同前、49〜50頁。
44　『鈴木道太著作選』第1巻より「北方教師の記録」第2章「手旗」（原題『生活する教室』東洋書館、1951年6月）103頁。
45　同前102〜103頁。
46　同前122頁。
47　同前105頁。
48　同前154頁。

# あとがき

私は、これまで『子ども権利条約と日本の子ども・子育て』（部落問題研究所、１９９１年12月）、『子どもの権利条約ゼミナール』（かもがわ出版、１９９６年３月）を始め、子どもの権利条約に関わる本を何冊か書いて来ました。『子どもの尊さと子ども期の保障』と題したこの本も、《子どもの権利》を軸にしてまとめた一連の本の流れに位置づくものです。

しかしこの本には、特別の思い入れがあります。それは、わが国の「児童憲章」にさかのぼって、《子どもの権利》を捉え直したことです。そして何よりも、私にとって《子どもの権利》を生きた知恵として身に着ける最良の学校であった「日本子どもを守る会」における学びを土台にしてまとめる機会になったということです。

振り返ってみると、１９６７年に大学に入学してすぐ参加したサークル「学生セツルメント」の部室の本棚にあった『子ども白書』（日本子どもを守る会編集）を手にし、巻頭の羽仁説子さんの文章を通じて、初めて「児童憲章」に出会いました。そこに引用されていた「児童憲章」の前文、「児童は、人として尊ばれる。児童は、社会の一員として重んぜられる。児童は、よい環境のなかで育てられる。」を読んだ時の感動を忘れることが出来ません。その後、サークルの先輩に導かれて、「児童憲章の完全実現」を目指す日本子どもを守る会の取り組みにも参加し、「子どもまつり」のイベントで美濃部亮吉都知事や手塚治虫さんに出会ったり、講座に参加して羽仁説子さんや菅忠道さん、かこさとしさんの話を聞く機会を得ることが出来ました。当時は、まだ遠くから日本子どもを守る会で活躍する方々を見ていただけでしたが、学生時代のセツルメントの実践と、大学院に進んでからの子ども会・少年団の実践と研究、少年少女組織を育てる全国センターの運動を通じて、児童憲章と日本子どもを守る会にも次第に深くかかわるようになりました。日本子どもを守る会の第3代会長・大田堯先生の時代にご縁があって常任理事、さらに副会長の末席に加えていただくことになり、１９９５年からは20年間『子ども白書』の編集長をつとめさせていただきました。右も左も分からない学生時代に出会って感動した「児童憲章」と『子ども白書』に導かれ、いつの間にか自分自身が『子ども白書』を編集する立場になっていました。

『子ども白書』編集長時代には、本当に多くの方にお世話になり、子ども・子育てについて諸領域の専門家の方々から沢山のことを学びました。そして、大田会長の後を受けた、中村博（第4代）、中野光（第5代）、正木健雄（第6代）、高橋栄（第7代）歴代会長の時代には副会長として、非力ながら苦楽をともにさせていただき、〝花には太陽を子どもには平和を〟の精神を共有して来ました。

この本のメインテーマに掲げた《子どもの尊さ》は、言うまでもなく児童憲章の前文「児童は、人として尊ばれる」にあり、「われらは、日本国憲法の精神にしたがい、児童に対する正しい観念を確立し、すべての児童の幸福をはかるために、この憲章をさだめる」という冒頭の一文に込められた崇高な理念を引き継ぐものですが、《子どもの尊さ》という言葉を掲げたもう一つの理由は、かつてこのタイトルの下、私が担当して日本子どもを守る会が2冊のブックレットを発行したことにあります。初代会長の長田新先生の御子息（四男）の長田五郎さん（日本子どもを守る会常任理事・横浜市立大学名誉教授）と早稲田大学大学院の増山ゼミナールの共催で、早稲田大学を会場にして足掛け4年に渡り、日本子どもを守る会にかかわった先駆的な実践者・研究者の歩みをたどり、その業績に学ぶ機会を持ったことにあります。『子どもの尊さ――子どもを守る運動のパイオニアが語る』（草土文化、２００６年12月）、『子どもの尊さ Ｐａｒｔ．２――子どもを守る運動の60年』（日本子どもを守る会編集、２０１２年5月）には、神崎清（白鳥あかね）、長田新（長田五郎）、羽仁説子（中野光）、大田尭（堀尾輝久）、宮原誠一（佐藤一子）、櫛田ふき（守屋武子）、矢島せい子（矢島文夫）、福島要一（藤岡貞彦）、菅忠道（増山均）、来栖良夫（古田足日）などなど―（　）内は語り手―今は亡き先人の足跡と業績のエッセンスが記録されています。

今年２０２１年は、児童憲章制定70周年であり、長田新初代会長が『原爆の子』（岩波書店、１９５１年）を出版してから70年目、そして来年（２０２２年5月17日）には日本子どもを守る会結成70周年の節目の年がやってきます。憲法と児童憲章に守られ、平和な時代に生きて来た戦後世代の私たちは「憲法・児童憲章の子」、さらに若い世代は「児童憲章・子どもの権利条約の子」であり、そのことの価値と意味を噛み締めなければならないと思っています。

いま世界は、地球的規模での自然環境破壊の深刻な危機の中にあり、核兵器の廃絶と平和の実現、貧困と差別の克服など、未来につながる重大な課題を背負っています。国内的にも憲法を「改正」し、平和と民主主義を崩そうとする政治的策動は続いており、改めて《憲法・児童憲章、子どもの権利条約》の価値を握りしめねばならないと痛感しています。

さらにいま地球は、予想もしなかったコロナパンデミックの真っただ中にありますが、いつの時代も、未来を創るのは子どもたちです。そのためにも、子どもたちを尊び豊かな子ども時代を保障することが、社会と大人の重い責務だと考えます。日本子どもを守る会の先人たちが大切にして来た、〝花には太陽を子どもには平和を〟のスローガンを掲げ続けて、歩んで行きたいと思っています。

本書をまとめるにあたっては、『うばわないで！　子ども時代』（増山均・齋藤史夫編著、2012年12月）以来何冊かお世話になってきた柿沼秀明さんにご尽力頂き、今回も的確な助言を得て完成にたどり着くことが出来ました。心よりお礼申し上げます。

2021年8月15日（終戦から76年の日に）

著　者

## 児童憲章

われらは、日本国憲法の精神にしたがい、児童に対する正しい観念を確立し、すべての児童の幸福をはかるために、この憲章を定める。

児童は、人として尊ばれる。
児童は、社会の一員として重んぜられる。
児童は、よい環境の中で育てられる。

一、すべての児童は、心身ともに健やかにうまれ、育てられ、その生活を保障される。
二、すべての児童は、家庭で、正しい愛情と知識と技術をもって育てられ、家庭に恵まれない児童には、これにかわる環境が与えられる。
三、すべての児童は、適当な栄養と住居と被服が与えられ、また、疾病と災害からまもられる。
四、すべての児童は、個性と能力に応じて教育され、社会の一員としての責任を自主的に果すように、みちびかれる。
五、すべての児童は、自然を愛し、科学と芸術を尊ぶように、みちびかれ、また、道徳的心情がつちかわれる。
六、すべての児童は、就学のみちを確保され、また、十分に整った教育の施設を用意される。

七、すべての児童は、職業指導を受ける機会が与えられる。

八、すべての児童は、その労働において、心身の発育が阻害されず、教育を受ける機会が失われず、また児童としての生活がさまたげられないように、十分に保護される。

九、すべての児童は、よい遊び場と文化財を用意され、わるい環境からまもられる。

十、すべての児童は、虐待・酷使・放任その他不当な取扱からまもられる。あやまちをおかした児童は、適切に保護指導される。

十一、すべての児童は、身体が不自由な場合、または、精神の機能が不充分な場合に、適切な治療と教育と保護が与えられる。

十二、すべての児童は、愛とまことによって結ばれ、よい国民として人類の平和と文化に貢献するように、みちびかれる。

（厚生省児童局『児童憲章制定記録』〈1951年9月25日発行〉から再録）

（制定日：昭和26年〈1951年〉5月5日、制定者：児童憲章制定会議〈内閣総理大臣により招集。国民各層・各界の代表で構成。〉）

## 初出原題一覧

第1章　コロナ問題の中で子どもの生活と発達を守り励ます

一．子ども・子育てにおける《多面的・複眼的視点》とは何か――コロナウイルス休校措置の中で、子育て・教育の本質を考える　『文京の教育』第551号、2020年5月10日号

二．コロナウイルス禍から子どもを守り育てるために　「日本子どもを守る会声明」2020年5月31日

三．コロナ禍と子どもの権利条約第31条――発想の転換と「遊び」の創造　『みやぎ教育文化研究センターつうしん』№10 3、2021年6月25日

第2章　児童憲章の誓い――子ども観と子育ての原点

一．児童憲章を忘れてはならない――児童憲章70周年にあたって　『家庭科教育』№361、2021年4月号

二．「児童憲章」制定70周年――忘れられていること・残された宿題　『歴史地理教育』№924、2021年5月号

三．子どもの品位と権利を尊ぶ――コロナ禍のなかで児童憲章の価値の再認識を　『子ども白書』2021年版

第3章　子どもの権利条約の力――子ども観・子育て観の深化

一．子どもの権利条約30年――到達点と課題のいま　『歴史地理教育』2020年3月増刊号

二．豊かな子ども期の保障に向けて――国連勧告をてがかりにして　『女性&運動』2019年12月号

三．余暇（気晴らし）・遊びと子どもの権利条約　『人間と教育』103号、2019年9月

四．「声なきこえ」を聴き「なにげない時間」と「名もない遊び」をも見守るゆとりを　『日本の学童ほいく』2021年1月号

第4章　現代社会における子どもの生活背景と社会参画

一．失われる地域・多様化する家族とヒューマン・ネットワークの創造『生活教育』2018年9月号
揺らぐ家族・家庭への支援とヒューマン・ネットワーク　『子ども白書』2017年版

二．子どもの居場所を考える　『家庭科』5号、2016年12月

三．「地域と子ども」問題の諸相――子ども地域参画の可能性 『子ども学』第9号、２０２1年5月

四．「教育のつどい２０１９」開会全体集会シンポジウム子どもの命を守ること――子どもの人権・人間の尊厳『日本の民主教育』２０１9、大月書店、２０２０年1月

補章 先達に学び子どもの権利と子育て問題を考える

一．「〈子育て〉の概念と子どもの権利保障をめぐって」「大田堯先生を偲びお仕事を引き継ぐ研究集会」報告 ２０１９年12月15日

二．鈴木道太の子ども会論と権利認識 『早稲田大学大学院文学研究科紀要』２０１8年3月

増山 均（ましやま・ひとし）

1948年、栃木県宇都宮市生まれ。日本福祉大学社会福祉学部教授、早稲田大学文学学術院教授を経て、現在早稲田大学名誉教授。専門は、社会教育学、社会福祉学。子育て問題、教育・福祉問題、子どもの人権と文化問題など、総合的視点から「子ども研究」を進めている。日本学童保育学会代表理事、子どもの権利条約市民・ＮＧＯの会共同代表、子どもの権利条約「31条の会」共同代表、日本子どもを守る会会長。

主な著書に『地域づくりと子育てネットワーク』（大月書店、1986年）、『子ども研究と社会教育』（青木書店、1989年）、『ゆとり・楽しみ・アニマシオン』（旬報社、1994年）、『教育と福祉のための子ども観』（ミネルヴァ書房、1997年）、『子育ての知恵は竹林にあった』（柏書房、2003年）、『余暇・遊び・文化の権利と子どもの自由世界』（青踏社、2004年）、『光と風とぬくもりと』（共著／かもがわ出版、2008年）、『子どもの放課後と学童保育』（新日本出版社、2015年）、『ファンタジーとアニマシオン』(共編著／童心社、2016年）、『アニマシオンと日本の子育て・教育・文化』（本の泉社、2018年）『鈴木道太研究』（編著／明誠書林、2021年）など多数。


子《こ》どもの尊《とうと》さと子《こ》ども期《き》の保障《ほしょう》

2021年 9 月30日 初 版

著 者 増 山 均

発行者 田 所 稔

郵便番号 151-0051 東京都渋谷区千駄ヶ谷 4-25-6

発行所 株式会社 新日本出版社

電話 03（3423）8402（営業）

03（3423）9323（編集）

info@shinnihon-net.co.jp

www.shinnihon-net.co.jp

振替番号 00130-0-13681

印刷・製本 光陽メディア

落丁・乱丁がありましたらおとりかえいたします。



Ⓒ Hitoshi Mashiyama 2021



ISBN978-4-406-06627-3 C0037 Printed in Japan



本書の内容の一部または全体を無断で複写複製（コピー）して配布することは、法律で認められた場合を除き、著作者および出版社の権利の侵害になります。小社あて事前に承諾をお求めください。